齐鲁圣贤语录

马新主编

管子语录

郭浩 编著

山东大学出版社

图书在版编目(CIP)数据

管子语录/郭浩编著.—济南:山东大学出版社,2016.6
(齐鲁圣贤语录/马新主编)
ISBN 978-7-5607-5564-9

Ⅰ.①管… Ⅱ.①郭… Ⅲ.①管仲(?—前645)—语录
Ⅳ.①B226.1

中国版本图书馆CIP数据核字(2016)第151049号

责任编辑:张　瑞
封面设计:牛　钧

出版发行:山东大学出版社
社　址　山东省济南市山大南路20号
邮　编　250100
电　话　市场部(0531)88364466
经　销:山东省新华书店
印　刷:山东华鑫天成印刷有限公司
规　格:787毫米×1092毫米　1/32
8.75印张　148千字
版　次:2016年6月第1版
印　次:2016年6月第1次印刷
定　价:22.00元

本书系山东省古籍整理项目“齐鲁文化经典研究”、齐鲁文化名家立项课题“走进齐鲁经典文化”结项成果

《齐鲁圣贤语录》
课题组

课题组负责人　马　新

课题组成员　（以姓氏笔画为序）

马　新　马德青　王玉喜　巩宝平

刘厚琴　李吉东　李学娟　吴　云

陈以凤　校　潇　郭　浩　郭海燕

总序

所谓语录，就是对圣贤哲人言论的撷录。或只言片语，或精妙短论，虽为吉光片羽，但无一不是其思想之精华，足以让我们走近圣哲，与之对话，聆听教诲。这套《齐鲁圣贤语录》，就是对春秋战国时代齐鲁圣贤言论的撷录。

齐鲁之邦，钟灵毓秀，圣贤辈出。自齐太公姜尚以来，生于斯、活跃于斯者粲然可观。春秋时代，有管子、孔子、晏子、孙子；战国时代，有孟子、庄子、荀子、孙膑，还有吴起、公孙衍、许行、慎到、扁鹊、甘德，等等，不一而足。秦汉以后，至于近代，同样是代不乏人。但影响最为深远的还是春秋战国时代的齐鲁圣贤哲人。因此，我们首先从其中寻找有较为完整的传世之作者，采撷其言论，汇为一编。计有《孔子语录》《管子语录》《晏子语录》

《孙子孙膑语录》《荀子语录》《墨子语录》《孟子语录》《庄子语录》，共八册。

对于先人言论的重视是中国自古以来的传统，西周、春秋时代史官的分工就是“左史记言，右史记事”。弟子后学对其先师达人的言论也格外珍视。因而，在圣哲们的传世著作中，大部分内容是弟子及后人对其言论的汇集，实际上就是一部言论集。这就为我们的工作提供了莫大的便利。在选取时，我们以其最具代表性的著作为底本，着重披选；将散见于其他著作或典籍的言论作为补充，亦酌情录入。如《孔子语录》主要选自《论语》，同时又从《礼记》《庄子》《韩非子》《孟子》《孔子家语》等典籍中录出一部分，共成一册。

齐鲁圣哲虽是齐鲁文化名人，但又不单纯是地域性名人，因为他们同时还是诸子百家的代表人物。长期以来，他们一直高居神殿之上，有着神圣的光环，诸如“至圣”“亚圣”“兵圣”……让人难以接近。历朝历代的学问家们为之作注、作解者不计其数，但几乎都是高深的义理之疏，寻求的是其中的微言大义。我们这套《语录》则是反其道而行之，重在寻找圣贤哲人的言论中那些至今依然光彩四溢，让人爱不释手、随时受用者，让圣哲们深邃的哲理走出殿堂，成为大众的良师益友。因而，我们注重选取那些至今仍有活力、朗朗上口者，千百年来脍炙人口的名言警句则优先选入。对所选语录只进行难

字难词的简要注释，并配以今译，不再进行引经据典式的层层疏解，以便于读者去除屏障，直接与圣哲们对话。

这套《语录》是我们为中国传统文化的传承与普及做的初步尝试，也是向齐鲁圣贤哲人的致敬之作。囿于水平与学识，粗疏之处，在所难免，敬请广大读者不吝赐教。

马　新

2016年2月于山东大学高阁书斋

前言

管仲（？～前645年），名夷吾，字仲，颍上（今安徽颍上）人，是春秋时期齐国著名的政治家、改革家。他任政相齐，辅佐齐桓公以霸，九合诸侯，一匡天下。

一般认为，管氏的始祖为周文王第三子叔鲜。武王灭商后，分封至管（今河南郑州），便以国为氏。在管仲父辈时，可能就已迁入齐国定居。不过，管仲早年家庭遭罹变故，家道败落。对于这段不堪的往事，管仲后来回忆道："吾始困时，尝与鲍叔贾，分财利多自与，鲍叔不以我为贪，知我贫也。吾尝为鲍叔谋事而更穷困，鲍叔不以我为愚，知时有利不利也。吾尝三仕三见逐于君，鲍叔不以我为不肖，知我不遭时也。吾尝三战三走，鲍

叔不以我为怯，知我有老母也。”①

青年时期的管仲多次创业，却屡次失败。然而，从管仲的一生来看，恰恰是早年经商的历练、仕途的磨炼、从军的习练以及失败的锤炼，才最终造就了他灵活的经济头脑、敏锐的政治眼光、前瞻的军政策略以及坚忍的意志品质。早期经商为贾的经历使管仲既能明晓工商的职能作用，谙熟市场的轻重调节，也能识别商贾大家的惯用伎俩；三次仕途的失意，不仅使其明知时弊、熟知政事、善知民情、深知君道，而且成为他相齐施政的素材来源；三次狼狈的战绩，是其后来进行军政改革的最初考量。更为重要的是，管仲潜在的才华赢得了一生最重要的知己——鲍叔牙的赏识和发掘。管仲的功成名就是与鲍叔的慧眼识才、极力荐举分不开的。管仲曾感叹道：“生我者父母，知我者鲍子也。”②

公元前 686 年，齐国发生内乱，齐襄公被杀，公子纠奔鲁，公子小白奔莒。管仲、召忽辅佐公子纠，而鲍叔辅佐公子小白。内乱平息后，二公子为争夺君位，又相互残杀。在一次战斗中，管仲一箭射中小白的衣带钩，险些伤其性命。公元前 685 年，公子小白最终取得胜利，继承齐国君位，是为齐桓公。衔有带钩之恨的桓公，本

① 《史记·管晏列传》。

② 《史记·管晏列传》。

想置管仲于死地。关键时刻，功臣鲍叔直言力谏说："君且欲霸王，非管夷吾不可。"[①]在权衡利弊后，胸怀大志的桓公决定以社稷为重，不计前嫌。于是，君臣二人设计要求鲁国将召忽、管仲缚送回齐。面临生死抉择，召忽毅然殉难，管仲却泰然处之。对此，管仲直面坦言道："夷吾之为君臣也，将承君命，奉社稷以持宗庙，岂死一纠哉?"[②]在他眼里，维护齐国社稷是大义，死守臣节不化是小节。

然而在春秋早期，周天子余威犹在，诸侯林立交错，周边"夷狄"虎视眈眈，管仲相齐后的霸业之路并不是一蹴而就、一帆风顺的。

齐桓公元年(前685年)，急于求成的桓公即准备用兵，因管仲劝阻而作罢。二年(前684年)，桓公又欲出兵鲁国，管仲力阻未果。此次战役就是著名的长勺之战。齐桓公遭遇了即位以来最大的失败。吃一堑，长一智，齐桓公与管仲鱼水般的君臣关系逐渐建立了起来。

桓公五年(前681年)，齐国大败鲁国，一雪前耻。鲁庄公献地求和，会盟于柯(今山东阳谷东)。会盟之中，毫无戒备的桓公却遭到鲁臣曹沫的劫持，被迫同意归还鲁国失地。事后，桓公欲反悔杀掉曹沫。管仲却深

① 《史记 · 齐太公世家》。

② 《管子 · 大匡》。

明大义，劝阻道："夫劫许之而倍信杀之，愈一小快耳，而弃信于诸侯，失天下之援，不可。"果然，"诸侯闻之，皆信齐而欲附焉"①。仅两年，桓公七年(前679年)，齐国召集宋国、陈国、卫国、郑国会盟于鄄(今山东鄄城北)，齐国霸业初立。

当时华夏诸国面临周边少数民族的入侵，管仲借机采取"尊王攘夷"的策略，逐步提升桓公在中原诸侯中的声望与地位。桓公二十二年(前664年)，北方少数民族山戎进攻燕国，齐国救燕。二十五年(前661年)，狄人侵入邢国，齐国援邢。二十六年(前660年)，狄人又攻破卫国。桓公派军队保护卫国遗民，并赠送大量财物。后经妥善安置，邢国迁于夷仪(今山东聊城)，卫国封于楚丘(今河南滑县东)。三十年(前656年)，北方局势稳定后，桓公率领中原诸侯南征，直指强敌楚国。楚国被迫与诸侯之师会盟于召陵(今河南郾城东北)，承认了齐国的霸主地位。三十五年(前651年)，齐国召集诸侯会盟于葵丘(今河南兰考)，周天子派代表与盟，标志着齐桓公霸业达到顶峰，首开春秋霸主之先河。公元前645年，管仲生命临终之际，仍不忘劝谏齐桓公。这就是管仲鞠躬尽瘁、死而后已的光辉一生。

我们借助此次编书契机，将《管子》一书中和散见于

---

① 《史记·齐太公世家》。

其他古籍中的管子言语精华一一采撷出来，集腋成裘，编著了《管子语录》一书。既能缓解读者学习《管子》的苦力，又能帮助读者直接领略《管子》的精深思想，实为幸事！读者能在茶余饭后，以轻松的姿态来接受传统文化的洗礼。

郭　浩

2016 年 4 月于济南

目录

治国篇

概述

管子是中国古代第一位系统阐述治国方略的政治家，其核心思想是对地力与民力的合理配置与科学把握。管子主张“正地”，即对土地产权关系的重新调整。其原则为“均地分力”，即实现劳动力与土地资源的最佳配置，充分发挥土地与劳动力的潜能。如果“地大而不为”，即“土满”，就会地多人少，导致土地荒废，农事不治；如果“人众而不理”，即“人满”，就会人多地少，导致人力闲置，饥馑灾荒，长此以往，便会“国非其国”。对于基层的人地状况，管子极为重视实地调研的方法。他主张“行其田野，视其耕芸，计其农事”，也就是调查土地开垦、耕种、锄草状况，依据人口统计荒田、熟田的具体数字，即可观一叶而知天下。在田赋方面，管子创造性地提出“相地而衰征”，即根据土地质量状况，确定赋税征收标准的方法，体现了管子均地力、爱民力的富国重民思想。

仓廪[①]实则知礼节，衣食足则知荣辱。

（《管子·牧民》）

注释

①仓廪(lǐn)：粮仓。

译文

粮仓充实了，百姓才会讲究礼节；衣食充足了，百姓才会知晓荣辱。

政之所兴，在顺民心；政之所废，在逆民心。民恶[①]忧劳，我佚[②]乐之；民恶贫贱，我富贵之；民恶危坠，我存安之；民恶灭绝，我生育之。

（《管子·牧民》）

注释

①恶(wù)：讨厌。

②佚：通“逸”，安逸。

译文

政令之所以通行,在于顺应民心;政令之所以废止,在于违逆民心。百姓讨厌忧愁,君主就应使他们安乐;百姓讨厌贫贱,君主就应使他们富贵;百姓害怕危亡,君主就应使他们安定;百姓害怕无后,君主就应使他们繁衍生息。

以家为①乡,乡不可为也;以乡为国,国不可为也;以国为天下,天下不可为也。以家为家,以乡为乡,以国为国,以天下为天下。

(《管子·牧民》)

注释

①为:治理。

译文

以治理家的方法治理乡,乡不可能治理好;以治理乡的方法治理国家,国家不可能治理好;以治理国家的方法治理天下,天下不可能治理好。应该用治理家的方法治理家,用治理乡的办法治理乡,用治理国家的方法治理国家,用治理天下的方法治理天下。

万乘[①]之国，兵不可以无主；土地博大，野不可以无吏；百姓殷[②]众，官不可以无长[③]；操民之命，朝不可以无政。

（《管子·权修》）

注释

①乘：兵车，古代一车四马为一乘。

②殷：多。

③长：长官。

译文

拥有万辆兵车的大国，军队不可以没有主帅；土地广博，乡野不可以不设官吏；百姓众多，官府不可以没有长官；操控百姓的命运，朝廷不可以没有政令。

上身服以先之，审度量[①]以闲[②]之，乡置师[③]以说道[④]之。然后申之以宪令[⑤]，劝之以庆赏，振[⑥]之以刑罚。

（《管子·权修》）

注释

①度量：法度、制度。

②闲:限制、约束。

③师:乡师,指乡的长官。

④道:通“导”,教导。

⑤宪令:法令。

⑥振:通“震”,震慑。

译文

君主要以身作则,率先垂范,明确法度加以约束,设置乡师加以劝导。然后再用法令进行约束,用奖赏加以劝勉,用刑法进行威慑。

天下者,国之本也;国者,乡之本也;乡者,家之本也;家者,人之本也;人者,身之本也;身者,治之本也。

(《管子·权修》)

译文

天下是国家的根基,国是乡的根基,乡是家的根基,家是个人的根基,人是身心的根基,而身心是治理的根基。

地者,政之本也。是故地可以正政[①]也。地不平均和调,则政不可正也。政不

正则事[2]不可理也。

(《管子·乘马》)

注释

①正政:调正政务。

②事:指生产。

译文

土地是国政之本。所以通过土地可以调正国家的政事。如果土地分配不合理,政事就无法调正了。政事不能调正,生产也就无法开展了。

均地[1]分力[2],使民知时[3]也。

(《管子·乘马》)

注释

①均地:指把土地分给或租给农民耕种。

②分力:指分散劳动。

③时:农时。

译文

合理分配土地与劳力,让百姓知晓农时。

善为政者，田畴[1]垦而国邑实，朝廷闲而官府治，公法行而私曲[2]止，仓廪实而囹圄[3]空，贤人进而奸民退。

（《管子·五辅》）

注释

①畴(chóu)：田地。

②私曲：徇私邪曲。

③囹圄(líng yǔ)：监狱。

译文

善于为政的君主，总是使田地得到开垦而国家富足，朝廷无事而官府有序，公法推行而奸邪禁止，仓库充实而监狱空虚，贤人得到进用而奸佞罢退。

慎[1]贵在举贤，慎民在置官，慎富在务地。

（《管子·枢言》）

注释

①慎：慎重地对待。

译文

君主慎重地对待官爵,关键在于举贤任能;慎重地治理百姓,关键在于设置好官吏;慎重地对待财富,关键在于管理好土地。

得之必生,失之必死者,何也?唯粟①。

(《管子·枢言》)

注释

①粟:谷子,此处泛指粮食。

译文

得到它就能生存下去,失去它就会死去,说的是什么呢?唯有粮食。

行其田野,视其耕芸①,计其农事,而饥饱之国可以知也。

(《管子·八观》)

注释

①芸:通"耘",除草。

译文

巡察一个国家的田野，考察土地的耕耘情况，核算它的农业收成，这个国家的温饱状况就可了解了。

畜长树艺①，务时殖②谷，力农垦草，禁止末事③者，民之经产也。

（《管子·重令》）

注释

①艺：种植。

②殖：种植。

③末事：指工商业。古代统治者将农业视为本业，故称。

译文

饲养牲畜，种植树木，抓紧农时，栽培谷物，尽力发展农业，开垦荒地，禁止从事工商业，这些都是人民生产的准则。

与其厚于兵，不如厚于人。

（《管子·大匡》）

〈译文〉

与其竭力增强军备，不如先让百姓富足。

内政不修，外举事不济①。

（《管子·大匡》）

〈注释〉

①济：成就。

〈译文〉

如果内政不整治，对外举兵就不会取得成功。

沉于乐者洽①于忧，厚于味者薄于行，慢于朝者缓于政，害于国家者危于社稷。

（《管子·中匡》）

〈注释〉

①洽：沾湿、浸润。

〈译文〉

沉迷于享乐的人会沉浸忧愁，贪图于美味的人德行轻

薄，轻慢朝仪的人会疏忽朝政，危害国家的人会危及社稷。

始于为[①]身，中于为国，成于为天下。

（《管子·中匡》）

注释

①为：治。

译文

国君首先应从治身开始，然后勤于治国，最终才能治理天下。

公轻其税敛，则人不忧饥；缓其刑政，则人不惧死；举事以时，则人不伤劳。

（《管子·霸形》）

译文

国君轻徭薄赋，百姓就不愁饥饿；减缓刑罚，百姓就不会惧怕死罪；不误农时，百姓就不愁劳作。

观国者观君，观军者观将，观备[①]者观

野。其君如明而非明也，其将如贤而非贤也，其人如耕者而非耕也，三守既失，国非其国也。

（《管子·霸言》）

注释

①备：战备。

译文

观察一个国家要先观察其国君，观察一支军队要先观察其将领，观察一国的战备要先观察其农田。国君看似英明而实为昏庸，将领看似贤良而实则庸碌，农民看似力耕而实为怠工，这三个方面既然都有过失，国家就要丧失了。

地大而不为，命曰土满；人众而不理，命曰人满；兵威而不正①，命曰武满。三满而不止，国非其国也。

（《管子·霸言》）

注释

①正：不偏、不斜。

译文

土地广阔而无人耕作，叫作“土地盈满”；人口众多而

不加管理，叫作“人口盈满”；军队威严而作风败坏，叫作“武备盈满”。这三种盈满如果不加以阻止，国家就要丧失了。

立政出令用人道①，施爵禄用地道②，举大事用天道③。

（《管子·霸言》）

注释

①人道：顺应人心。

②地道：公正无私。

③天道：顺应天时。

译文

制定政令要顺应人心，施予爵禄要公正无私，兴举大事要顺应天时。

伯夷、叔齐①非于死之日而后有名也，其前行多修矣；武王非于甲子之朝②而后胜也，其前政多善矣。

（《管子·制分》）

注释

①伯夷、叔齐:商朝末年孤竹君的两个儿子。周武王灭商后,他们耻食周朝的粮食,一同饿死于首阳山。

②甲子之朝:指周武王在甲子日的早晨打败商纣王。

译文

伯夷、叔齐并不是饿死之后才声名远扬的,而是先前多修德行的结果;周武王也不是甲子之朝一举取胜的,而是先前多行善政的结果。

道德出于君,制令传于相,事业程①于官,百姓之力也,胥②令而动者也。

(《管子·君臣上》)

注释

①程:称量、计量,此处引申为考核。

②胥:待。

译文

道德教化出自于君主,制度法令由相国公布,各项事务由官吏裁定,至于百姓则要为国效力,待命而行。

岁一言者，君也；时省①者，相也；月稽②者，官也；务四支③之力，修耕农之业以待令者，庶人④也。

（《管子·君臣上》）

注释

①省（xǐng）：视察。

②稽：考核。

③支：通“肢”，肢体。

④庶人：指无官爵的平民。

译文

每年考察一次政务的是君主；每季考察一次工作的是相国；每月考核一次工作的是官吏；从事体力劳动、耕地务农而等待命令的是平民百姓。

甲兵之本，必先于田宅。

（《管子·侈靡》）

译文

铠甲、兵器等军赋的根本问题，首先必须发展农业。

如①以予人财者，不如无夺②时；如以予人食者，不如毋夺其事。

（《管子·侈靡》）

注释

①如：假如。

②夺：耽误。

译文

与其给予百姓财物，不如不耽误农时；与其给予百姓粮食，不如不妨碍农事。

毋全禄，贫国而用不足；毋全赏，好德亡①使常。

（《管子·侈靡》）

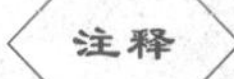

①亡：通“无”。

译文

不要过度发放俸禄，否则会造成国家贫穷而用度不足；不要过度赏赐，不能让君主的好德成为平常之事。

一为赏，再为常，三为固然。其小行之则俗[1]也，久之则礼义。

(《管子·侈靡》)

〈注释〉

①俗：习俗。

〈译文〉

第一次行赏时人们当作是奖赏，第二次就习以为常，第三次就理所当然了。小行奖赏是一种习俗，久而久之就会变成为一般的礼仪制度了。

十至于私人之门，不一至于庭[1]；百虑其家，不一图国。属[2]数虽众，非以尊君也；百官虽具，非以任国也。此之谓国无人。

(《管子·明法》)

〈注释〉

①庭：朝廷。

②属：部属。

译文

奔走于私党家门十次，也不到一次朝廷；考虑自家的利益一百次，也不为国家谋划一次。部属虽然众多，但都不能尊奉国君；百官的设置虽然完备，但都不能治国理政。这就叫作国中无人。

夫利莫大于治，害莫大于乱。夫五帝①三王②所以成功立名，显于后世者，以为天下致③利除害也。事行不必同，所务一也。

（《管子·正世》）

注释

①五帝：相传上古有五位帝王，说法不一。一般指伏羲、神农、黄帝、尧、舜。

②三王：夏、商、周三朝的君王，指夏禹、商汤王、周武子。

③致：招致。

译文

国家的利益没有比安定更大的，危害没有比动乱更大的。三王、五帝之所以功成名就，荣显后世，是因为他们能够为天下兴利除害。他们的具体事迹虽不相同，但追求的目标却是一致的。

圣人者，明于治乱之道，习于人事之终始者也。其治民也，期于利民而止。故其位① 齐也，不慕古，不留② 今，与时变，与俗化。

（《管子·正世》）

注释

①位：通“立”，确立。

②留：止。

译文

圣人就是能明察治乱的规律、熟习人事发展变化的人。他们治理百姓，就是期望有利于百姓而已。因而他们能确立适中的政策，既不仰慕古代，也不拘泥现在，而是根据时代和风俗的发展、变化相应行事。

明分任职，则治而不乱，明而不蔽矣。

（《管子·小问》）

译文

分清责任，安排官职，这样就能做到国家太平而不混乱，明察而不受蒙蔽。

设用无度国家踣[①]，举事不时必受其灾。

（《管子·七臣七主》）

注释

①踣(bó)：倾覆、败亡。

译文

耗费没有节度，国家就会败亡；举事不合时宜，必遭受灾害。

夫为国之本，得天之时而为经[①]，得人之心而为纪[②]，法令为维纲[③]，吏为网罟[④]，什伍以为行列，赏诛为文武。

（《管子·禁藏》）

注释

①经：正道、根本。

②纪：纲纪。

③维纲：用以系物和提网的绳，此处指维系。

④网罟(gǔ)：渔网，此处指统治工具。

译文

关于治国的根本，以顺应天时为正道，以获得民心为纲纪，以法令维系百姓，以官吏为统治工具，以将居民什伍编制如军队一样组织起来，以军功奖罚文武官员。

吏者所以教顺也，三老[①]、里有司、伍长者，所以为率[②]也。

（《管子·度地》）

注释

①三老：掌教化的乡官。

②率：表率。

译文

官吏是用来教化百姓的，三老、里有司、伍长是在基层工作中起表率作用的官吏。

起[①]一人之徭，百亩不举；起十人之徭，千亩不举。

（《管子·巨乘马》）

注释

①起：征召、征发。

译文

征发一人的徭役，就会导致百亩土地得不到耕种；征发十人的徭役，那么千亩土地就得不到耕种。

最苦社鼠。夫社[①]，木而涂之，鼠因自托也。熏之则木焚，灌之则涂阤[②]，此所以苦于社鼠也。今人君左右，出则为势重以收利于民，入则比周[③]谩侮[④]蔽恶以欺于君，不诛则乱法，诛之则人主危。据而有之，此亦社鼠也。

（《韩非子·外储说右上》）

注释

①社：祭祀土地的神坛。

②阤(zhì)：剥落、崩塌。

③比周：相互勾结。

④谩侮：欺瞒。

译文

最怕的就是社坛里的老鼠。社坛里树立的木头，涂上泥巴，老鼠以此安身。若用烟熏它，木头就会烧毁；若用水灌

它,涂上的泥巴就会剥落。这就是人们苦于社鼠的原因。现在君主的左右近臣,在外卖弄权势,榨取民利,在内相互勾结,隐瞒罪行,蒙蔽君主。不诛杀他们,就会扰乱国法;诛杀他们,君主则会不安。他们盘踞高位,是国家的社鼠。

相地而衰征①,则民不移;政不旅旧,则民不偷;山泽各致其时,则民不苟;陆、阜②、陵③、墐④、井、田、畴均,则民不憾⑤。

(《国语·齐语》)

注释

①相地而衰(cuī)征:通过察看土地的肥瘠确定征税的标准。相,省视、察看。衰,等级。

②阜:无石的土山。

③陵:大土山。

④墐(jìn):沟上的道路。

⑤憾:怨恨。

译文

通过察看土地的肥瘠来确定征税的标准,百姓就不会随意迁徙;君主不遗弃故旧,百姓就不会苟且从事;山林川泽要按时令开放、封禁,百姓就不会随意砍杀;陆地、山丘、道路、水井、田地等平均分配,百姓就不会有怨恨。

民本篇

概述

管子具有鲜明的民本思想，他认为“本理则国固，本乱则国危”。他还着重强调顺应民心，“政之所兴，在顺民心；政之所废，在逆民心”。他主张君主要善于“与民一体”，做到同甘苦，共欢乐。只有这样，百姓才会将国家视为安身立命的永久家园，不惜生命来守护它。在管子看来，“与民一体”的首要任务是“富民”，要实现藏富于民。其内在原因是“民富君无与贫，民贫君无与富”，也就是只有民富君王才能富。管子主张要因材施教，“智者知之，愚者不知，不可以教民；巧者能之，拙者不能，不可以教民”。管子还提出要进行四民分业，即工、农、商、贾各居其处，这不仅有利于各个职业的传承和交流，而且还可以进一步细化劳动分工，从而提高劳动生产效率，增加社会财富总量。他认为“士农工商四民者，国之石民”，将工商群体纳入国家柱石之民，其重商观念在先秦时期可谓首屈一指。根据农业生产季节性、周期长的特点，他强调君主不能滥用民力，穷奢极欲，要给民众以劳作时间，实行“其积多者其食多，其积寡者其食寡，无积者不食”，即多劳多得、少劳少得、不劳不得的分配政策。

不为不可成者，量民力也。不求不可得者，不强民以其所恶也。不处不可久者，不偷[1]取一时[2]也。不行不可复者，不欺其民也。

（《管子·牧民》）

注释

①偷：苟且。

②一时：指眼前利益。

译文

不强做办不到的事情，要量民力而行。不追求得不到的东西，不强迫百姓做他们所厌恶的事情。不占据不长久的位置，不贪图眼前的利益。不做不可重复的事情，不欺骗自己的百姓。

莫乐之则莫哀之，莫生之则莫死之。

（《管子·形势》）

译文

国君不能赢得百姓欢心，百姓就不会为他分忧；国君不能安养百姓，百姓也不会为他献身。

欲为天下者，必重[1]用其国；欲为其国者，必重用其民；欲为其民者，必重尽其民力。

（《管子·权修》）

〈注释〉

①重：慎重。

〈译文〉

想治理天下的国君，必须慎重地使用国力；想治理国家，必须慎重地对待百姓；想治理百姓，必须慎用民力。

凡牧[1]民者，以其所积[2]者食[3]之，不可不审也。其积多者其食多，其积寡者其食寡，无积者不食。

（《管子·权修》）

〈注释〉

①牧：治理。

②积：通“绩”，劳绩、功劳。

③食(sì):供食,此处指酬劳。

译文

治理人民应按照功劳大小给予酬劳,这一点不可不审慎。功劳大的酬劳多,功劳小的酬劳少,没有功劳的就没有酬劳。

智者知之,愚者不知,不可以教[①]民;巧者能之,拙者不能,不可以教民。

(《管子 · 乘马》)

注释

①教:教导。

译文

只有聪明人明白而愚笨者不明白的道理,不能用来教导百姓;只有灵巧的人会做而笨拙的人不会做的事情,不能用来命令百姓。

悦众在爱[①]施[②],有众在废私,召远在修近,闭祸在除怨。

(《管子 · 版法》)

注释

①爱:仁爱。

②施:施惠。

译文

取悦民众在于仁爱、施惠,赢得民心在于废除私心,召附远方之人需从身边之事做起,消除祸端需从清除怨恨开始。

善用民者,轩冕[①]不下儗[②],而斧钺[③]不上因[④]。

(《管子·法法》)

注释

①轩冕:官员的车乘、冕服,引申为官位爵禄。

②儗(nǐ):僭越,超越本分。

③斧钺:此处指刑罚。

④因:就、随。

译文

善于使用人民的国君,官位爵禄不吝啬,刑罚诛杀不滥用。

畜[①]之以道，则民和；养之以德，则民合。和合故能谐，谐故能辑[②]，谐辑以悉，莫之能伤。

（《管子·兵法》）

注释

①畜：养育。

②辑：聚集。

译文

养育百姓合乎道，百姓就会和睦；养护百姓合乎德，百姓就会团结。和睦、团结就能同心同德，同心同德就能聚集力量，聚集力量就会万众一心，别国也就不能危害。

昔者圣王之治其民也，参[①]其国而伍其鄙[②]，定民之居，成民之事，以为民纪。

（《管子·小匡》）

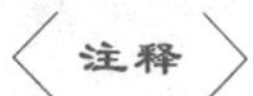

①参：通“叁”，三。

②鄙:行政单位,指乡村。

译文

从前圣王治理人民,三分其国,五分其鄙,以使人民居处安定,安排人民就业,并以此作为治民的纲纪。

士、农、工、商四民者,国之石民[①]也。

(《管子·小匡》)

注释

①石民:像柱石那样的人民,指能坚守本业,对国家有重要作用的人。

译文

士人、农民、工匠、商人四种人民,是国家的柱石。

放[①]旧罪,修旧宗,立无后,则民殖[②]矣。省刑罚,薄赋敛,则民富矣。乡建贤士,使教于国,则民有礼矣。出令不改,则民正矣。此爱民之道也。

(《管子·小匡》)

注释

①放：免去、赦免。

②殖：繁殖、生长。

译文

赦免旧罪犯，抚恤旧宗族，为无后的人立嗣，人口就会增长。减省刑罚，轻徭薄赋，百姓就会富有。各乡推荐贤士，使他们在国内推行教化，百姓就会知礼。法令不随意更改，百姓就会遵守正道。这些都是君主爱民的方法。

举财[①]长工[②]，以足民用；陈力尚贤，以劝民知[③]；加刑无苛，以济百姓；行之无私，则足以容众矣；出言必信，则令不穷矣。此使民之道也。

（《管子·小匡》）

注释

①举财：开辟财源。

②长工：发展百工。

③知：智慧。

译文

开辟财源，发展百工，以满足百姓的需要；发挥才力，尊尚贤明，以劝勉百姓求智；刑罚不要苛刻，以有利于百姓；做事无私，就足以团结更多的百姓；言语恪守诚信，法令就不会不行。这就是使用人民的方法。

争天下者，必先争人。明大数者得人，审小计者失人。

（《管子·霸言》）

译文

要争夺天下，必先要争取人心。明晓大道的人，能得到人心；专营小计的人，则会失去人心。

夫霸王①之所始也，以人为本。本理则国固，本乱则国危。

（《管子·霸言》）

注释

①霸王：霸业、王业。古时统治天下者为王，诸侯之长为霸。

译文

成就霸王之业肇始于以民为本。人民治理,国家就稳固;人民动乱,国家就危险。

盖人有患劳而上使之以时,则人不患劳也;人患饥而上薄敛焉,则人不患饥矣;人患死而上宽刑焉,则人不患死矣。

(《管子·戒》)

译文

百姓忧虑劳苦,君主就使民有时,那么百姓就不忧虑劳苦了;百姓忧虑饥饿,君主就减轻赋敛,百姓就不担忧饥荒了;百姓惧怕死亡,君主就放宽刑罚,百姓就不再害怕死罪了。

慈于民,予无财,宽政①役,敬百姓,则国富而民安矣。

(《管子·小匡》)

注释

①政:通“征”,征收。

译文

慈爱百姓，救济贫穷，轻徭薄赋，尊重百姓，国家就会富有，民心就会安定。

夫民别而听之则愚①，合而听之则圣。

（《管子·君臣上》）

注释

①愚：愚笨、无知。

译文

百姓的意见分别听取就觉得愚笨，综合起来听则觉得圣明。

先王善与民为一体，与民为一体则是以国守国，以民守民也，然则民不便为非矣。

（《管子·君臣上》）

译文

先王善于与人民融为一体，与民融为一体就是用国家来守卫国家，用百姓来保卫百姓，这样百姓自然就不便胡

作非为了。

民有三务[①]，不布其民，非其民也。民非其民，则不可以守战。

（《管子 · 君臣下》）

注释

①三务：指春、夏、秋三季的农事。

译文

人民一年有春、夏、秋三季的农事，如果君主不合理安排农时，人民就无法成为他的属民，那么就无法让他们为国防守、出征作战了。

民之观也察[①]矣，不可遁逃以为不善。故我有善，则立誉我；我有过，则立毁[②]我。当民之毁誉也，则莫归问于家矣。

（《管子 · 小称》）

注释

①察：清楚、明晰。

②毁：说别人的坏话。

译文

百姓是明察秋毫的，君主无法逃避他们的眼睛去做不善的事情。因而我有善行，百姓就立即赞誉我；我有过错，百姓就马上指责我。当百姓赞誉或指责时，不必再回去询问家人了。

善罪身① 者，民不得罪也；不能罪身者，民罪之。

（《管子·小称》）

注释

①罪身：把过错归于自身。

译文

善于检讨自身过错的君主，百姓不会怪罪他；不能检讨自身过错的君主，百姓则会怪罪他。

明王有过则反之于身，有善则归之于民。有过而反之身则身惧，有善而归之民

则民喜。往喜民，来惧身，此明王之所以治民也。

（《管子·小称》）

译文

明君有过错就归咎于己，有善行就归功于百姓。有过错而反省自身，自己就会戒惧；有善行归功于百姓，百姓就会喜悦。对外取悦百姓，对内戒惧自己，这就是明王治理好百姓的原因。

为国者，反①民性，然后可以与民戚②。民欲佚而教以劳，民欲生而教以死。劳教定而国富，死教定而威行。

（《管子·侈靡》）

注释

①反：违背、违反。

②戚：亲近。

译文

一国君主，要先违逆百姓的本性而施教，然后才能与百姓相亲。百姓贪图安逸就要教其勤劳，百姓贪生怕死就

要教其不畏牺牲。教育百姓勤劳有成，国家就会富足；教育百姓不惧牺牲，国威便可远扬。

乡殊俗，国异礼，则民不流[①]矣。

（《管子·侈靡》）

注释

①流：流动、迁徙。

译文

尊重各乡不同的风俗及各国不同的礼节，百姓就不会迁徙了。

凡治国之道，必先富民。民富则易治也，民贫则难治也。奚[①]以知其然也？民富则安乡重家，安乡重家则敬上畏罪，敬上畏罪则易治也。民贫则危[②]乡轻家，危乡轻家则敢陵[③]上犯禁，凌上犯禁则难治也。

（《管子·治国》）

〈注释〉

①奚：如何，疑问代词。

②危：不安。

③陵：通“凌”，凌辱。

〈译文〉

大凡治国的方法，必须先要先使百姓富有起来。百姓富足就容易管理，百姓贫穷就难以管理。为何知道这样呢？因为百姓富足就会安居乡里而看重家庭，安乡重家就会尊重官吏而畏惧犯罪，从而就容易管理了。百姓贫穷就会不安居乡里、不重视家庭，不能安居乡里不重视家庭就敢于凌辱官吏而违犯禁令，从而就难以管理了。

凡牧[①]民者，必知其疾[②]，而忧之以德，勿惧以罪[③]，勿止以力[④]。慎此四者，足以治民也。

（《管子 · 小问》）

〈注释〉

①牧：统治。

②疾：疾苦。

③罪：惩处、判罪。

④力:强力。

〈译文〉

凡是治民的君主,都了解百姓的疾苦,怀抱恩德之心为他们担忧,不用刑罚恐吓他们,不用强力制止他们的行为。君主能谨慎地按照这四点行事,就足以治理好百姓了。

善者必先知其田,乃知其人,田备然后民可足也。

(《管子·禁藏》)

〈译文〉

善于治国的君主必须要先了解田地的状况,然后再了解百姓的情况。只有土地充备,百姓才可以富足。

彼善为国者,不曰使之,使不得不使;不曰用之,使不得不用。故使民无有不用不使者。

(《管子·山至数》)

〈译文〉

那些善于治理国家的君主,不用言语驱使百姓,而是

让百姓不得不被驱使;不用言语利用百姓,而是百姓不得不被利用。因而使得百姓没有不被国君所驱使、利用的。

所谓天者,非谓苍苍莽莽之天也,君人者以百姓为天。百姓与①之则安,辅之则强,非之则危,背之则亡。

(刘向《说苑·建本》)

〈注释〉

①与:亲近。

〈译文〉

所谓的天,不是指苍天,而是君主要以百姓为天。百姓亲近国君,国家就能定安;百姓辅助国君,国家就能富强;百姓非议国君,国家就很危险;百姓背弃国君,国家就会灭亡。

民富君无与贫,民贫君无与富。

(《管子·山至数》)

〈译文〉

百姓富足,君主就不会贫穷;百姓贫穷,君主也不会富有。

一农不耕，民或为之饥；一女不织，民或为之寒。故事再其本[①]，则无卖其子者；事三其本，则衣食足；事四其本，则正籍给；事五其本，则远近通，死得藏[②]。

（《管子·轻重甲》）

〈注释〉

①再其本：工本的二倍。

②藏：指葬。

〈译文〉

一个农民不耕田，有人就可能挨饿；一个妇女不织布，有人就可能受冻。因此，农事的收益达到工本的两倍时，百姓就没有卖儿鬻女的；达到三倍时，衣食就会充足；达到四倍时，租税就能交足；达到五倍时，余粮就会远近流通，死者也能得以安葬。

君道篇

概述

君主为政要开诚布公，为人要光明磊落，做到“言室满室，言堂满堂”。在言行上，君主不说“不可复”的话，不做“不可再”的事情。在选用官吏上，要注重考察选拔对象的品德、功劳、才能，即“三本”。要“贵当”，即做事适当，不走极端，因为“猛毅之君，不免于外难；懦弱之君，不免于内乱”；要“贵周”，即做事周密，因为“人主不周则群臣下乱”；要“贵明”，即赏罚分明，因为“赏罚明则德之至者也”。在君臣关系上，人君不要随意干涉臣下的具体事务，如“下及官中之事，则有司不任”。君主驾驭臣下的工具为六柄：杀、生、贵、贱、贫、富。“杀生急于司命”“富人贫人使人相畜”“良人贱人使人相臣”，就是指君主必须掌握的生杀之权、贵贱之权、贫富之权。君主要心系民众，仁爱待人，要率先垂范，以身作则，“上好勇则民轻死，上好仁则民轻财”。

言室[①]满室，言堂[②]满堂，是谓圣王。

（《管子 · 牧民》）

〈注释〉

①室：内室。

②堂：前室、正厅。

〈译文〉

在室内讲话要让室内的人都听得见，在堂内讲话要让堂内的人都听得到。这才是圣王的行为。

言而不可复[①]者，君不言也；行而不可再[②]者，君不行也。

（《管子 · 形势》）

〈注释〉

①复：重复。

②再：多次。

〈译文〉

不能重复说的话，君主不要说；不能重复做的事，君主不要去做。

一年之计，莫如树[1]谷；十年之计，莫如树木；终身之计，莫如树[2]人。一树一获者，谷也；一树十获者，木也；一树百获者，人也。我苟[3]种之，如神用之，举事如神，唯王之门。

（《管子·权修》）

注释

①树：种植。

②树：引申为培育。

③苟：如果。

译文

作一年的打算，没有比种植谷物更好的了；作十年的打算，没有比种植树木更好的了；作一生的打算，没有比培育人才更好的了。一种一收的，是谷物；一种十收的，是树木；一种百收的，是人才。如果我培育了人才，使用起来就如同神助，做事如有神助了，这才是称王天下的途径。

君之所审[1]者三：一曰德不当其位，二

曰功不当其禄,三曰能不当其官。此三本者,治乱之原也。

(《管子·立政》)

注释

①审:明察。

译文

君主所要明察的有三个方面:一是品德与官位是否相称,二是功劳与俸禄是否相称,三是能力与官职是否相称。这三个根本的问题是国家治乱的根源。

为善者有福,为不善者有祸。祸福在为①,故先王重为。

(《管子·枢言》)

注释

①为:行为。

译文

做善事的就有福,做坏事的就有祸。人的祸福在于自身的行为,因而先代的圣王重视修行。

明[①]赏不费，明刑不暴，赏罚明则德之至者也。

(《管子·枢言》)

注释

①明：公开。

译文

公开赏赐，不是耗费；公开惩罚，不是残暴。只有赏罚分明，德政才会到来。

圣王之治民也，进则使无由得其所利，退则使无由避其所害，必使反[①]乎安其位，乐其群，务其职，荣其名，而后止矣。

(《管子·法禁》)

注释

①反：通“返”，返回、回归。

译文

圣王治理人民，总是让那些冒进求利的人得不到私利，让那些自甘退步的人难以逃避祸害，一定要让他们回

归到安于本位、乐于与人相处、尽力于职责、珍惜名声之后才算达到目标。

有国之君，苟不能同人心，一国威，齐士义，通上之治以为下法，则虽有广地众民，犹[1]不能以为安也。

(《管子·法禁》)

注释

①犹：仍然。

译文

一国之君如果既不能协调民心、统一权威、整齐士气，也不能将君主的治令贯彻到底，那么即便拥有广阔的土地、众多的人口，仍不能太平无事。

人主不周密，则正言直行之士危；正言直行之士危，则人主孤而毋内[1]；人主孤而毋内，则人臣党而成群。

(《管子·法法》)

注释

①内：亲信。

译文

君主做事不缜密，言行正直的大臣就会有危险；言行正直的大臣处境危险，君主就会孤立无援；君主孤立无援，臣下就会结党成群。

有故为其杀生急于司命[①]也，富人贫人使人相畜也，良人贱人使人相臣也。人主操此六者以畜其臣，人臣亦望此六者以事其君。

（《管子·法法》）

注释

①司命：主管生死之神。

译文

因为君主掌握着生杀予夺的大权，比司命还要厉害，他既可以使人富有、使人穷困、使人相互役使，也可以使人高贵、使人卑贱、使人互为臣属。所以，君主掌控此六种大

权以驾驭臣下，臣下也寄望此六种大权以事奉君主。

上好勇则民轻死，上好仁则民轻财。故上之所好，民必甚焉。

（《管子·法法》）

〈译文〉

君主喜好勇士，百姓就不畏牺牲；君主喜好仁义，百姓就轻视钱财。因而，君主所喜好的，百姓必定更喜好。

君不私国，臣不诬[①]能，行此道者，虽未大治，正民之经也。

（《管子·法法》）

〈注释〉

①诬：欺骗。

〈译文〉

君主不以私心治国，臣下不冒充贤能，如这样做，虽说不会大治，但也是匡正百姓的常道。

明君知所擅[1]，知所患。国治而民务积，此所谓擅也。动与静，此所患也。

（《管子·法法》）

注释

①擅：专长、善于。

译文

贤明的君主知其专务，也知其忧患。国家得到治理而百姓有积蓄，这就是他专务的事；动静不合时宜，这正是他忧虑的事。

猛毅[1]之君，不免于外难；懦弱之君，不免于内乱。

（《管子·法法》）

注释

①毅：残酷。

译文

威猛残酷的君主，不能避免外患；懦弱无能的君主，不能避免内乱。

有土之君，不勤于兵，不忌于辱，不辅[①]其过，则社稷安。

（《管子·大匡》）

注释

①辅：反复、重复。

译文

拥有土地的君主，如果不频繁用兵，不忌恨受辱，不犯同样的过错，这样国家就能安定。

先王必有置也，而后必有废也；必有利也，而后必有害也。

（《管子·中匡》）

译文

先代的圣王必先有所立，然后才有所废；必先有所利民，然后才有所害。

古之隳[①]国家，陨[②]社稷者，非故且为之也，必少有乐焉，不知其陷于恶也。

（《管子·中匡》）

注释

①隳(huī):毁、毁坏。

②陨:丧失、覆灭。

译文

古代国家的灭亡,社稷的丧失,都不是君主有意所为,必定是渐渐沉湎于享乐不知不觉中陷入了罪恶的深渊。

民爱之,邻国亲之,天下信之,此国君之信。

(《管子·中匡》)

译文

百姓爱戴他,邻国亲近他,天下人信任他,这才是国君的威信。

杀、生、贵、贱、贫、富,此六秉[①]也。

(《管子·小匡》)

注释

①秉:通"柄",权柄。

〈译文〉

使人死、使人生、使人尊贵、使人卑贱、使人贫穷、使人富足,是君主驾驭臣民的六大权力。

人君唯优[1]与不敏[2]为不可,优则亡众,不敏不及事。

(《管子·小匡》)

〈注释〉

①优:优柔寡断。

②敏:勤勉、努力。

〈译文〉

唯有优柔寡断与不思勤勉是君主不可为的事,因为优柔寡断会失去众人,不思勤勉则不能成事。

知[1]盖天下,断[2]最一世,材[3]振四海,王之佐也。

(《管子·霸言》)

〈注释〉

①知:智慧、智谋。

②断:决断。

③材:通"才",才气。

译文

智谋冠盖天下、决断称绝当世、才气名震四海的人,才是辅佐王业的贤臣。

尧舜[1]之民,非生而理也;桀纣[2]之民,非生而乱也。故理乱在上也。

(《管子·霸言》)

注释

①尧舜:上古时期的两位贤明的君主。

②桀纣:分别是夏代、商代的君王,都为暴君。

译文

尧舜时期的百姓,并不是生来就服从治理的;桀纣时期的百姓,也不是生来要动乱的。治理、动乱的根源在于君王自身。

夫明王之所轻者马与玉,其所重者政与军。

(《管子·霸言》)

〈译文〉

贤明的国君所轻视的是良马和美玉,所重视的是国政和军队。

君明、相信、五官①肃、士廉、农愚②、商工愿③,则上下体④而外内别也,民性⑤因⑥而三族⑦制也。

(《管子·君臣上》)

〈注释〉

①五官:指五种官职,此处泛指百官。

②愚:质朴。

③愿:老实谨慎。

④上下体:上下各得其所,尊卑有序。体,划分、分解。

⑤性:通“生”,民生。

⑥因:依靠。

⑦三族:此处指农、工、商。

〈译文〉

如果君主贤明,相国忠诚,百官整肃,士人正直,农民质朴,工商之人老实谨慎,这样上下有序,内外有别,民生有所依,农、工、商自有法度。

为人君者，修官上[①]之道，而不言其中；为人臣者，比[②]官中之事[③]，而不言其外。

（《管子·君臣上》）

注释

①官上：指统属百官。

②比：考核。

③官中之事：指百官的本职工作。

译文

作为君主，统属百官要注重方法，不要干预臣下的职内事务；作为臣子，要考察职内事务，不要越职言事。

为人君者，下及官中之事，则有司不任；为人臣者，上共[①]专于上，则人主失威。

（《管子·君臣上》）

注释

①共：指与君主共分权力。

译文

作为君主，如果向下干涉臣下职事，官吏就无法承担

责任；作为臣子，如果向上分夺君主的权力，君主就会丧失威信。

有道之君者，善明设法而不以私防者也。而无道之君，既已设法，则舍法而行私者也。

（《管子·君臣上》）

译文

有道的君主，善于申明法制而不以私心设防；无道的君主，即便法制已经设立，也会徇私枉法。

主德不立，则妇人能弇[①]其意；国无常法，则大臣敢侵其势。

（《管子·君臣上》）

注释

①弇(yǎn)：覆盖、遮蔽。

译文

如果君主道德不立，即使妇人也能掩蔽其过；如果国

家没有常法，即使大臣也敢侵夺君主的权势。

官人不官，事人不事，独立而无稽[①]者，人主之位也。

（《管子·君臣上》）

注释

①稽：考查。

译文

授人官职而不居官位，授人职事而不涉职事，独立行事而不受考核，这才是君主的本位。

虽有明君，百步之外，听而不闻；间之堵墙[①]，窥而不见也。而名为明君者，君善用其臣，臣善纳[②]其忠也。

（《管子·君臣上》）

注释

①堵墙：一堵墙。

②纳：缴纳、交付。

〈译文〉

即便是贤明的君主，百步之外的话，他想听也听不到；就算只隔一堵墙，他想看也看不见。之所以称为明君，是因为他善于使用贤臣，而臣下善于奉献忠心。

君人者上注[1]，臣人者下注[2]。上注者，纪[3]天时，务民力。下注者，发地利，足财用也。

（《管子 · 君臣下》）

〈注释〉

①上注：指注意天时。

②下注：指注意地利。

③纪：纪理。

〈译文〉

君主要注意上天，臣下要注意地下。注意上天，就是纪理天时，使民尽其力。注意地下，就是开发地利，使财用充足。

明君立世，民之制于上，犹[1]草木之制

于时也。故民迂[②]则流之,民流通则迂之。

(《管子·君臣下》)

注释

①犹:如同。

②迂:迂曲。

译文

明君治理国家,百姓受君主的统治,如同草木受制于四时一样。所以,如果百姓过于保守,就想办法疏导他们,如果百姓过于开通就想办法封闭他们。

审天时,物[①]地生,以辑[②]民力;禁淫务[③],劝农功,以职其无事,则小民治矣。

(《管子·君臣下》)

注释

①物:观察、选择。

②辑:聚和。

③淫务:指工商等末业。

译文

审查天时,考察地利,以聚和民力;禁止民众从事工商

业，劝农耕桑，让无业游民有事可做，这样百姓就治理好了。

君亲以好事，强以立断，仁以好任人。

（《管子·侈靡》）

〈译文〉

君主要身体力行，做事果断，仁爱待人。

慎使能而善听信[①]。使能之谓明，听信之谓圣。

（《管子·四时》）

〈注释〉

①听信：相信、听从。

〈译文〉

君主要重视使用贤能，善于听信他们的意见。使用贤能，叫作明察；听信贤能，叫作圣明。

为人主者，不重[①]爱人，不重恶人。重

爱曰失德，重恶曰失威。威德皆失，则主危也。

（《管子·任法》）

〈注释〉

①重：极、甚。

〈译文〉

作为君主，不要过度宠爱别人，不要过度憎恨别人。过度宠爱就会丧失德行，过分憎恨就会丧失威信。威信、德行尽失，君主就危险了。

贵不能威①，富不能禄②，贱不能事③，近不能亲，美不能淫也。植④固而不动，奇邪⑤乃恐，奇革而邪化，令往而民移。

（《管子·任法》）

〈注释〉

①威：威胁。

②禄：通“赂”，贿赂。

③事：指奉承。

④植：心志。

⑤奇邪：诡谲不正，欺诈炫媚。奇，变幻莫测。

〈译文〉

贵戚不能威胁他，富人不能贿赂他，贱人不能奉承他，近臣不能亲昵他，美色不能淫乱他。只要君主心志坚固而不动摇，诡谲邪辟的人就会惶恐。当诡谲革除、奸邪化解之后，君主的政令只要一到，百姓就会立即跟从。

古之所谓明君者，非一①君也。其设赏有薄有厚，其立禁有轻有重，迹行②不必同，非故相反也，皆随时而变，因俗而动。

（《管子·正世》）

〈注释〉

①一：相同。

②迹行：事迹行为。

〈译文〉

古代所谓的贤明君主，言行不都是一样的。他们设立奖赏有薄有厚，设立禁令有轻有重，事迹言行既不必相同，也不故意相反，都是跟随时代发展而变化，根据风俗习惯而变动。

一人之治乱在其心，一国之存亡在其

主。天下得失，道[①]一人出。主好本则民好垦草莱[②]，主好货则人贾市，主好宫室则工匠巧，主好文采则女工靡[③]。

（《管子·七臣七主》）

注释

①道：从、由。

②莱：草名，即藜。

③靡：奢华、奢侈。

译文

一个人的治乱在于他的内心，一个国家的存亡在于它的君主。天下的得失，都是从君主本人开始的。君主重视农事，百姓就会除草开荒；君主喜好财货，百姓就会经商入市；君主喜好大兴宫室，工匠就会讲究技巧；君主喜好服饰华美，女工就会追求奢华。

六务者何也？一曰节用，二曰贤佐，三曰法度，四曰必诛，五曰天时，六曰地宜。

（《管子·七臣七主》）

〈译文〉

什么是君主的六项要务？一是节约财用，二是任用贤人，三是重视法度，四是有罪必诛，五是顺应天时，六是因地制宜。

明王知其然，故见必然之政，立必胜之罚。故民知所必就，而知所必去，推则往，召则来，如坠重于高，如渎[①]水于地。

（《管子 · 七臣七主》）

〈注释〉

①渎：沟渠。

〈译文〉

贤明的君王熟知国政中的道理，因而推行必行的政令，设立必行的刑罚。所以百姓知道什么是必须做的，什么是不能做的，挥之则去，招之即来，如同重物从高处坠落，如同在地上开渠引水。

夫善牧民者，非以城郭[①]也，辅之以什，司之以伍。伍无非其人，人无非其里，

里无非其家。故奔亡者无所匿，迁徙者无所容，不求而约[2]，不召而来。

(《管子·禁藏》)

注释

①城郭：内城为城，外城为郭。

②约：约束。

译文

善于治民的君主，不是依仗城郭，而是通过什伍编制来治理人民，使伍中没有不属于本伍的人，人民没有不住在本里的，里内也没有不属于本里的人家。因而，逃亡的人无处藏匿，迁徙的人无处容身，不用强求人民就能自我约束，不用召唤人民自会前来。

心不为九窍[1]，九窍治；君不为五官，五官治。

(《管子·九守》)

注释

①九窍：指眼、耳、鼻等人体器官的九个孔穴。

〈译文〉

心不包办九窍的事，而九窍却能运行良好。如果君主不干涉百官的职事，百官自会治理得好。

人主不可不周。人主不周则群臣下乱。寂乎其无端也。外内不通，安知所怨？关闭不开，善否[①]无原[②]。

（《管子·九守》）

〈注释〉

①善否：好坏。

②原：源泉、来源。

〈译文〉

君主不能不周密。如果不周密，就会内情外泄，群臣作乱。君主做事不动声色，深不可测，内外就不能串通，又怎会招致怨恨呢？关闭内情外通的门户，各种传言就会失去来源。

好讥[①]而不乱，亟变而不变[②]，时至则

为，过则去。王数不可豫[③]致[④]。

（《管子·国准》）

注释

①讯：查问。
②娈（liàn）：留恋。
③豫：预先。
④致：求取。

译文

重视调查而不要慌乱，积极应变而不留恋过去。时机到来就要作为，时机失去就应放弃。成就王业的具体策略是不能事前求取的。

君无听左右之请，因能而受[①]禄，录[②]功而与官，则莫敢索官。

（《韩非子·外储说左下》）

注释

①受：通“授”，授予。
②录：记载。

译文

君主如果不是听从左右亲信的请求，而是根据才能的

高下而授予俸禄，按照功劳的大小而给予官职，那么就没人敢索求官位了。

不知贤，害[1]霸；知而不用，害霸；用而不任，害霸；任而不信，害霸；信而复使小人参之，害霸。

（刘向《说苑·尊贤》）

注释

①害：妨害。

译文

不明察贤能，对霸业不利；明察贤能而不能使用，对霸业不利；使用贤能而不能委以重任，对霸业不利；委以重任而不能信任贤能，对霸业不利；信任贤能却让小人参与其中，对霸业不利。

君尝之，臣食之；君好之，臣服之。

（刘向《说苑·反质》）

译文

君主喜欢品尝的食物，臣下肯定跟随食用；君主喜爱

的服饰，臣下肯定跟风服用。

善为君者，宜法江海。江海不逆细流，故为百谷①长。

（萧统《文选·拟魏太子邺中集诗八首·刘桢》李善注引）

注释

①百谷：众谷之水。

译文

君主要善于治国，应该效法江海。江海不排斥细小的支流，所以能成为众水之长。

财富篇

概述

管子的财富观除涉及粮食生产外，还包括山林资源、水利建设、瓜果蔬菜、桑麻等方面，而且，他还把财富消长与社会治理、国家强弱一并考虑，已有国民经济思想的萌芽。“力地动于时，则国必富矣”，说明他已经直观地认识到财富生产的二要素——劳动与土地。“以天下之财，利天下之人”，明确指出，国家的财富要取之于民，用之于民。管子深刻认识到物质生产与精神生活的关系，主张要实现贫富有度，“甚富不可使，甚贫不知耻”。“市者，天地之财具也”，强调财物的流通离不开市场。“市者货之准”，指财物的价格唯有通过市场体现出来。生产者通过市场“可以知多寡”，即商品供求状况。当市场中商品流通顺畅，交易成本最大限度地降低时，市场就会出现“百货贱则百利得”，即价格低廉、各得其利的理想状态。随着整个社会财富的流动性增强，最终实现国家富强，“利然后能通，通然后成国”。

务五谷[①]，则食足。养桑麻育六畜[②]，则民富。

（《管子·牧民》）

〈注释〉

①五谷：指稻、黍、稷、麦、菽等，后泛指谷物。

②六畜：指马、牛、羊、鸡、犬、猪。

〈译文〉

致力于粮食的生产，百姓的食物就会充足。种植桑麻，养殖六畜，百姓的生活就会富裕。

天下不患无财，患无人以分之。

（《管子·牧民》）

〈译文〉

天下不愁没有财富，愁的是没人能合理分配。

市者货[①]之准也。是故百货贱则百利得，百利得则百事治，百事治则百用节[②]矣。

（《管子·乘马》）

注释

①货:指商品。

②节:减省。

译文

市场是商品价格标准体现的场所。因而,商品价格低廉,各方就会获得利益;各方获利,百事就能得以治理;百事治理,各项费用自然会降低。

市者可以知治乱,可以知多寡,而不能为多寡。

(《管子·乘马》)

译文

市场的状况可以反映国家的治乱,也可以体现商品需求的多少,但却不能决定商品需求的多少。

黄金者,用之量也。

(《管子·乘马》)

译文

黄金是衡量财用的尺度。

实圹[①]虚，垦田畴，修墙屋，则国家富；节饮食，撙[②]衣服，则财用足。

（《管子·五辅》）

注释

①圹：通“旷”，空旷。

②撙（zǔn）：节省、节制。

译文

移民旷野，开垦农田，修筑房屋墙院，国家就会富有；节约饮食，节制服饰，财用就会充足。

时货[①]不遂[②]，金玉虽多，谓之贫国也。故曰：行其山泽，观其桑麻，计其六畜之产，而贫富之国可知也。

（《管子·八观》）

注释

①时货：每个时节的财货，即时令物产。

②遂：生长。

译文

时令物产不充足，金玉虽多，也只能叫作贫国。所以说，巡行一个国家的山泽，考察桑麻种植情况，核计牲畜生产，该国的贫富状况就可以了解了。

彼民非谷不食，谷非地不生，地非民不动，民非作力，毋以致[①]财。夫才[②]之所生，生于用力，力之所生，生于劳身。是故主上用财毋已，是民用力毋休也。

（《管子·八观》）

注释

①致：获得。

②才：通“财”，财富。

译文

没有粮食百姓就没饭吃，没有土地粮食就无法生成；没有百姓土地就得不到开垦，百姓不从事生产，就不会获得财富。财富的产生，来自于劳力；劳力的产生，来自劳动者自身。因而，君主用财无止境，百姓劳动就无休止。

农夫不失其时，百工不失其功，商无废利[1]，民无游日，财无砥墆[2]。

（《管子·法法》）

〈注释〉

①废利：无利。

②砥墆：停滞。砥，通“底”，止。

〈译文〉

为政者使民不误农时，手工业者不失其业，商人不失财利，百姓不游手好闲，财货的流动就不会停滞。

上年什[1]取三，中年什取二，下年什取一，岁饥不税，岁饥弛[2]而税。

（《管子·大匡》）

〈注释〉

①什：十成。

②弛：缓解。

〈译文〉

上等年景收取十分之三的税，中等年景收取十分之二

的税,下等年景收取十分之一的税,饥荒之年不征税,等饥荒缓解后再征税。

无夺民时,则百姓富;牺牲[①]不劳[②],则牛马育。

(《管子·小匡》)

注释

①牺牲:供祭祀用的牲畜。

②劳:通“捞”,夺取。

译文

为政者使民不误农时,百姓生活就会富足;祭祀不乱取牲畜,牛马就能繁育。

以天下之财,利天下之人。

(《管子·霸言》)

译文

用天下的财富,来为天下的人民谋利。

市者，天地之财具也，而万人之所和[①]而利也。

（《管子 · 问》）

〈注释〉

①和：交易。

〈译文〉

市场是世间财物聚集的场所，万民因进入市场交易而获利。

治者所道[①]富也，治而未必富也，必知富之事，然后能富。

（《管子 · 制分》）

〈注释〉

①道：由。

〈译文〉

国家治理是实现国富的条件，但是国治未必就会国富，必须知晓国富的方法，才能实现富有。

治民有常道，而生财有常法。

(《管子·君臣上》)

〈译文〉

治理人民有一定的规律，而创造财富也有一定的方法。

甚富不可使，甚贫不知耻。

(《管子·侈靡》)

〈译文〉

百姓过于富有，就不听差遣；过于贫穷，就不知羞耻。

承弊而民劝[①]，慈[②]种而民富；

(《管子·侈靡》)

〈注释〉

①劝：勤勉。

②慈：通“滋”，栽种。

〈译文〉

修正时弊能使百姓勤勉，勤于耕种能使百姓富有。

县[①]入有主，入此治用，然而不治，积之市。一入积之下，一入积之上，此谓利无常。

（《管子 · 侈靡》）

〈注释〉

①县：县官，指政府。

〈译文〉

政府主管财政收入，以满足需用。如果暂时不用来满足需用，就投放市场盈利。有时财利越积越多，有时财利越积越少，这就叫作盈利无常。

百姓无宝，以利为首。一上一下，唯利所处。利然后能通，通然后成国。利静[①]而不化，观其所出，从而移之。

（《管子 · 侈靡》）

〈注释〉

①静：停滞。

〈译文〉

百姓别无珍宝，唯有以财利为重。上下奔波，唯利是

图。能得财利,商品才会流通,商品流通才能满足国用。如果财利停滞而不通,就要查找原因促使财利流转。

国[①]贫而鄙[②]富,莫美于朝[③];国富而鄙贫,莫尽如市。

(《管子·侈靡》)

注释

①国:指城市。

②鄙:指乡村。

③朝:指政府。

译文

当城市萧条而农村富庶,没有比朝廷更富有的了;当城市富庶而农村萧条,没有比市场更昌盛的了。

利不可法[①],故民流[②]。

(《管子·侈靡》)

注释

①法:通“废”,废除、废止。

②流:寻求、追求。

译文

财利是无法废止的，所以百姓会一直追求。

民事农则田垦，田垦则粟多，粟多则国富，国富者兵强，兵强者战胜，战胜者地广。

（《管子·治国》）

译文

百姓致力农事田地就得到开垦，田地得以开垦粮食就会增产，粮食增产国家就会富足，国家富足兵力就会强大，兵力强大战争就易取胜，战争取胜土地就会广大了。

凡农者月不足而岁有余者也，而上征暴[①]急无时，则民倍贷[②]以给上之征矣。

（《管子·治国》）

注释

①暴：迅疾、突然。

②倍贷：借一还二的高利贷。

〈译文〉

大凡从事农业的人一般是按月算则收入不足,按年算才有盈余。如果君主横征暴敛,就会迫使百姓外借高利贷来应付强征。

先王使农、士、商、工四民交能易作[1],终岁之利无道相过[2]也。是以民作一[3]而得均。

(《管子·治国》)

〈注释〉

①交能易作:指交换技能和产品。

②无道相过:无法相互超过。

③作一:专务一业。

〈译文〉

先王让农民、士人、商人、工匠四种职业相互交换技能、产品,使他们一年的收入无法相互超越。因而,人民都能专务一业而收入均匀。

粟也者,民之所归[1]也;粟也者,财之

所归也；粟也者，地之所归也。粟多则天下之物尽至矣。

（《管子·治国》）

注释

①归：归向、归附。

译文

粮食能让百姓归附，粮食能使财物聚集，粮食能够换得更多的土地。拥有的粮食多了，天下物产就会全部到来。

力地而动于时，则国必富矣。

（《管子·小问》）

译文

百姓致力于土地，应时耕种，国家必定会富足。

其收之也，不夺民财；其施之也，不失有德。富上而足下，此圣王之至事也。

（《管子·小问》）

〈译文〉

丰年征收余粮,不侵夺民财;荒年施舍百姓,不失君主恩德。上使国家富裕,下使百姓满足,是圣王要做的最重要的事。

政有急缓故物有轻重,岁有赈[①]凶故民有羡[②]不足,时有春秋故谷有贵贱。而上不调淫[③],故游商得以什伯其本也。百姓之不田,贫富之不訾[④],皆用此作。

(《管子·七臣七主》)

〈注释〉

①赈:富裕、富有。

②羡:盈余。

③淫:过度。

④訾:计量、算。

〈译文〉

政令有缓急,因此物有轻重;年成有丰歉,因此百姓有富余和不足;时令有春秋,因此谷价有高低。如果君主不调节过度波动的价格,投机的游商就会得到十倍、百倍的暴利。百姓不务农,贫富有差距,都是由此导致的。

夫凡人之情，见利莫能勿就[1]，见害莫能勿避。其商人通贾，倍道兼行，夜以续日，千里而不远者，利在前也。渔人之入海，海深万仞，就波逆流，乘危百里，宿[2]夜不出者，利在水也。

（《管子·禁藏》）

注释

①就：靠近、接近。

②宿：通“夙”，白天。

译文

大凡人的性情，见利没有不靠近的，见害没有不躲避的。如商人往来贸易，一天赶两天的路程，夜以继日，不远千里，因为利在前面。渔人下海，海深万仞，却能入水逆流，冒险航行百里，日夜漂泊，因为利在水中。

善者执[1]利之在，而民自美安；不推而往，不引而来，不烦不扰，而民自富。

（《管子·禁藏》）

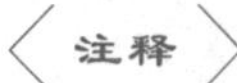

注释

①执：掌握。

〈译文〉

聪明的君主掌控财利获取的途径，人民自然甘心安于差使。不用推动，他们自会前去；不需引导，他们自会前来。不烦民又不扰民，而百姓自然就会富有。

夫动静顺然后和也，不失其时①然后富，不失其法然后治。故国不虚②富，民不虚治。

(《管子·禁藏》)

〈注释〉

①时：农时。

②虚：凭空。

〈译文〉

举措适宜，万事才能调和；不误农时，人民才能富足；不失法度，国家才能得到治理。因而，国家没有凭空富足的，人民没有凭空就治理好的。

夫民之所生，衣与食也；食之所生，水

与土也。所以富民有要[1],食民有率[2]。

(《管子·禁藏》)

注释

①要:要领、关键。

②率:标准。

译文

人民赖以生存的是衣服和食物,食物赖以生产的是水和土。因而富民是有要领的,养民是有标准的。

视岁而藏,县时[1]积岁,国有十年之蓄。

(《管子·乘马数》)

注释

①县时:长久。县,通“悬”,遥远。

译文

根据年景的丰歉贮藏粮食,如此积年累月下去,国家便能拥有足用十年的蓄积。

利出于一孔[1]者，其国无敌；出二孔者，其兵不诎[2]；出三孔者，不可以举兵；出四孔者，其国必亡。

（《管子·国蓄》）

注释

①孔：小洞，此处指途径。

②诎：通“屈”，屈服。

译文

财利全部出自一个途径，国家就强大无敌；财利出自两种途径，兵力就削减一半；财利出自三种途径，国家就无力出兵作战；财利出自四种途径，国家必定灭亡。

分地若一，强者能守；分财若一，智者能收。智者有什倍人之功，愚者有不赓[1]本之事。

（《管子·国蓄》）

①赓：赔偿、抵偿。

〈译文〉

分配相同的土地，强者能长期保有；分配相同的财产，智者能不断生利。智者可以获取十倍的高利，而愚者连本钱都无法抵偿。

法令之不行，万民之不治，贫富之不齐也。

（《管子·国蓄》）

〈译文〉

法令不能执行，万民无法治理，这是社会的贫富不均造成的。

物适[①]贱，则半力[②]而无予，民事不偿其本；物适贵，则什倍而不可得，民失其用。

（《管子·国蓄》）

〈注释〉

①适：遇、遭遇。

②半力：一半工力，指半价。

〈译文〉

商品遇上贱价，就是半价也卖不出去，人民的生产所得也收不回本钱；商品遇上高价，就是出十倍高价也买不到，人民的需求得不到满足。

王者藏于民，霸者藏于大夫，残国亡家藏于箧[①]。

（《管子·山至数》）

〈注释〉

①箧：小箱子。

〈译文〉

成就王业的君主藏富于民，成就霸业的君主藏富于大夫，国败家亡的君臣则把财富藏在自己的手里。

夫海出泲[①]无止，山生金木无息，草木以时生，器以时靡[②]幣[③]，泲水之盐以日消。终则有始，与天壤[④]争，是谓立壤列也。

（《管子·轻重乙》）

注释

①沵(jǐ):过滤。
②靡:靡散。
③幣:通“弊”,破损。
④壤:地,与天相对。

译文

海不断出产盐,山不断盛产金属和木材,而草木按时节生息,器物有破损的时候,卤水提炼的海盐也天天在消耗。这些都终而复始,与天地并行,这就是要建立土地划分制度的原因。

水之以涯[①],其无水者也。富之以涯,其富已足者也。人不能自止于足,而亡[②]其富之涯乎!

(《韩非子·说林下》)

注释

①涯:水边,引申为边际。
②亡:通“忘”,忘记。

译文

水有边际,是因为存在没有水的地方;富裕有边际,是

因为财富已经使人感到满足了。如果人们不能自我满足而不停地追求财富的话，就会忘记富裕的边际了吧！

国有沃野之饶而民不足于食者，器械不备也。有山海之货而民不足于财者，商工不备也。

（桓宽《盐铁论·本议》）

国家有肥沃富饶的土地，百姓却食物不足，这是器械工具不完备的缘故；国家有丰富的山海物产，百姓却财利不足，这是工商业不完善的缘故。

俭侈篇

概述

“俭则伤事”，过度节俭会使某些行业萎缩，从而导致商品奇缺，经济萧条。“雕卵然后瀹之，雕橑然后爨之”是“侈靡”政策的经典体现，也是《管子》书中最为夸张、引人注目的一句。它只不过是用夸大的语言来表明消费对生产的刺激作用。但是，侈靡政策是在一定的约束条件下的权宜之计。管子主张，“若岁凶旱水泆，民失本，则修宫室台榭，以前无狗后无彘者为庸”。他还明确指出，穷困的国家不能行侈靡之策，“泰奢之数，不可用于危隘之国”；当“立余食而侈”，即社会农产品有大量剩余时，可以实施侈靡之策。当然，侈靡政策的目的不是追求奢侈享受，而是解决贫民的生计问题。“富者靡之，贫者为之，此百姓之怠生，百振而食”，是指通过鼓励富人奢侈消费，将部分财富转移到贫民手中。通过“上侈而下靡”的方式让君臣的财产无法“私藏”，并以劳务支出的方式转入贫民手中，最终实现社会收入的再分配。

俭则伤[1]事,侈则伤货。俭则金贱[2],金贱则事不成,故伤事。侈则金贵[3],金贵则货贱,故伤货。

(《管子·乘马》)

注释

①伤:伤害。

②俭则金贱:指过于节俭,导致金属货币流通需求少,金价自然下跌。

③侈则金贵:指过于奢侈,导致金属货币流通需求大,金价自然大涨,实际上商品价格会虚涨实跌。

译文

过度节俭容易抑制生产,过度奢侈则会浪费财货。过度节俭会导致金价低贱,而金价低贱则不利于生产,从而抑制生产。过度奢侈会导致金价虚高,而金价虚高又会造成商品低贱,因而浪费财货。

用财不可以啬[1],用力不可以苦。用财啬则费[2],用力苦则劳。

(《管子·版法》)

注释

①啬:吝啬。

②费:通“拂”,违逆、反抗。

译文

君主使用钱财不可吝啬,使用民力不可过度。使用钱财吝啬,百姓就会违逆君意;使用民力过度,百姓则会劳累。

奸邪之所生,生于匮[1]不足;匮不足之所生,生于侈;侈之所生,生于毋度。

(《管子·八观》)

注释

①匮:缺乏。

译文

奸邪的产生,来自于财物的不足;财物的不足,来自于生活奢侈;奢侈的养成,来自于生活没有节制。

辩于地利,而民可富;通于侈靡[1],而士可戚。

(《管子·侈靡》)

〈注释〉

①侈靡:奢侈靡费,此指一种经济理论,其旨在通过鼓励奢侈,带动消费,以刺激就业与生产。

〈译文〉

善于治理地利,就可以使百姓富裕;通晓侈靡的方法,就可以使士人亲近、依附你。

富者靡之,贫者为之,此百姓之怠[①]生,百振[②]而食。非独自为也,为之畜[③]化[④]。

(《管子·侈靡》)

〈注释〉

①怠:通“怡”,愉悦。

②振:通“赈”,救济。

③畜:通“蓄”,蓄积。

④化:通“货”,货物。

〈译文〉

富人奢侈消费,贫人就业生产,这是百姓安居乐业、相互赈济的根源。侈靡消费的目的并不单单是为了自我享

乐，也是为了刺激社会财富的增长。

积者立[①]余食而侈，美车马而驰，多酒醴[②]而靡，千岁毋出食[③]，此谓本事。

（《管子·侈靡》）

注释

①立：通“俟”，等待。

②醴：甜酒。

③出食：外出求食。

译文

积财的人等到粮食有剩余时就要奢侈消费，装饰车马尽情驰骋，多酿美酒尽情饮用。这样百姓都有生计可做，一千年也不会外出讨饭了。这是为政的根本。

巨瘗[①]培[②]，所以使贫民也；美垄墓，所以使文萌[③]也；巨棺椁，所以起木工也；多衣衾，所以起女工也。

（《管子·侈靡》）

注释

①瘗（yì）：埋葬。

②堷(yìn):通“窨”,土室,此处指墓室。

③文萌:指雕刻工匠。

译文

尽量扩大埋葬的墓圹,以便使用更多的贫民;尽量美化装饰墓室,以便使用更多的雕刻工匠;尽量选用大型的棺椁,以便使用更多的木工;尽量增多陪葬的衣被,以便使用更多的女工。

雕卵然后瀹[①]之,雕橑[②]然后爨[③]之。

(《管子·侈靡》)

注释

①瀹(yuè):煮。

②橑(lǎo):柴薪。

③爨(cuàn):烧火做饭。

译文

把鸡蛋雕画之后再煮着吃,把木头雕刻装饰后再用来烧火。这是多么奢侈的生活!

市也者,劝[①]也。劝者,所以起。本善

而末事起。不侈，本事不得立。

（《管子·侈靡》）

〈注释〉

①劝：勉励、奖励。

〈译文〉

市场能起到激励百姓的作用。激励百姓，是为了经济发展。农业生产得到完善，工商业也会得以发展。但是，如果不实行侈靡政策，农业生产就不会稳固。

上侈而下靡，而君、臣、相上下相亲，则君臣之财不私藏。然则贫动肢[1]而得食矣。

（《管子·侈靡》）

〈注释〉

①贫动肢：贫穷的人靠四肢进行体力劳动。

〈译文〉

如果国内上下都侈靡消费，君主、臣子和相国互相往来，那么君臣的财富也就无法隐藏而不用了，贫穷的人就

可以通过体力劳动获得饭食。

若岁凶旱水泆[①]，民失本，则修宫室台榭，以前无狗后无彘[②]者为庸[③]。故修宫室台榭，非丽[④]其乐也，以平国策也。

（《管子·乘马数》）

注释

①泆：通“溢”，泛滥。

②彘（zhì）：猪。

③庸：受雇用的人。

④丽：依托、附着。

译文

如果遇上大旱或洪水的灾年，百姓无法进行农事，君主就要修建宫室台榭，雇用那些养不起猪、狗的穷人。因而，这种情况君主修建宫室台榭，不是用它来享乐，而是调控经济的国策。

泰[①]奢之数，不可用于危隘之国。

（《管子·事语》）

注释

①泰:通“太”,表示程度。

译文

过度侈靡的调控方法,不适用于土地狭小的国家。

不饰宫室,则材木不可胜用,不充庖[1]厨,则禽兽不损其寿。无末利,则本业无所出,无黼黻[2],则女工不施。

(桓宽《盐铁论·通有》)

注释

①庖:厨房。

②黼黻(fǔ fú):古代礼服上所绣的华美花纹。

译文

要是不修饰宫殿,木材就不能充分利用。不充实厨房,禽兽就不会损伤寿命。没有工商业,农业就得不到发展;衣服不装饰花纹,那么女工就不能施展技巧了。

轻重篇

概述

轻重论的实质是政府实施经济干预，进行宏观调控。其核心思想是“无藉于民”，即政府不采取强制征税的方法，而是运用轻重论来控制流通领域，以解决财政开支问题。轻重论的基本原理是“以重射轻，以贱泄平”，即以高价收购廉价产品，并以低价投放市场，起到稳定物价的作用。它有两个衍伸原理，即“粟重而万物轻”与“币重而万物轻”，又分别称作“策乘马”与“币乘马”。“策乘马”是指政府适时进入流通领域，廉价收购粮食，借机操纵价格，利用手中价格暴涨的粮食换购所需的财物，以缓解财政压力；“币乘马”是指政府通过放贷或“以币赋禄”，即一种货币支付工资的形式，目的是通过增加货币流通量，减少谷物流通量，改变粮价和货币的实际购买力。轻重论还运用“号令”即行政手段调控国家经济，具体是：通过盐、铁专卖政策，进行垄断销售；通过政令的缓急，迫使百姓抛售财物；强行抬高特殊物品的价格，从中获利。在国际贸易上，管子则主张采用“天下高则高，天下下则下”的价格策略，实现控制天下战略物资甚至摧毁敌国经济的目的。

粟行[①]于三百里，则国毋一年之积[②]；粟行于四百里，则国毋半年之积；粟行于五百里，则众有饥色。

（《管子·八观》）

注释

①粟行：粮食运输，此处指粮食远售。

②积：蓄积。

译文

粮食远售到三百里以外，国家的存粮就不足一年之用；粮食远售到四百里以外，国家的存粮就不足半年之用；粮食远售到五百里以外，百姓就会面有饥色。

关几[①]而不正[②]，市正而不布[③]。山林梁泽，以时禁发而不正也。

（《管子·戒》）

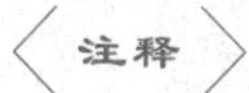

①几：通“讥”，查问。

②正：通“征”，征收。

③布：布匹，引申为征税。古时，布匹可作为一般等价物流通。

译文

关卡只稽查，不征收关税；市场只管理，不征收市税。山林川泽只按时封禁、开放，不征租税。

关者，诸侯之陬隧[①]也，而外财之门户也，万人之道行也。明道以重告之，征于关者，勿征于市；征于市者，勿征于关。

（《管子·问》）

注释

①陬(zōu)隧：边界通道。

译文

关隘是诸侯边境的通道，是国外财物进入的门户，也是万人进出的必经之路。要明确道路法令并郑重告知官吏：征收关税的，入市就不要重复征收市税；征收市税的，出关就不要再重复征收关税。

出准①之令，守地用人策，故开阖②皆在上，无求于民。

（《管子·乘马数》）

注释

①准：平准，指调控物价。

②阖：关闭。

译文

发布调控物价的命令，控制农业生产，运用经济策略，因而财利的开放和关闭完全掌握在君主手中，就不需要再向百姓索求财利了。

乘马①之准②，与天下齐准。彼物轻③则见泄④，重⑤则见射⑥。

（《管子·乘马数》）

注释

①乘马：军赋征发单位。此泛指计算、谋划。

②准：标准，此处指物价标准。

③轻：指价格偏低。

④泄：外流。

⑤重：指价格偏高。

⑥射：谋求。

译文

经过谋划的物价标准，应当与天下各国保持一致。当本国物价偏低时，商品就会外流寻求高价；当本国物价偏高时，别国商品就会涌入本国逐利。

谷重而万物轻，谷轻而万物重。

（《管子·乘马数》）

译文

粮价升高，万物的价格就会降低；粮价降低，万物的价格就会升高。

相①壤定籍而民不移，振②贫补不足，下乐上。故以上壤之满补下壤之虚，章③四时，守诸开阖，民之不移也，如废④方⑤于地。

（《管子·乘马数》）

注释

①相（xiàng）：察看。

②振：通“赈”，救济。

③章:通"障",阻挡。

④废:放下。

⑤方:指方形之物。

译文

通过察看土地的好坏确定征税标准,百姓就不愿迁徙了。政府赈济贫穷而补助不足,百姓就对君主满意。所以,国家用上等土地的盈余弥补下等土地的空虚,干预四时物价的变化,掌控商品流通的收放,百姓就会安土重迁,如同将方形的东西放于平地一样稳定。

令盐之重升加分[①]强[②],釜[③]五十也;升加一强,釜百也;升加二强,釜二百也。钟二千,十钟二万,百钟二十万,千钟二百万。万乘之国,人数开口[④]千万也。禺[⑤]策之,商[⑥]日二百万,十日二千万,一月六千万。

(《管子·海王》)

注释

①分:半。

②强:通"繦",钱绳,此指钱。

③釜:齐国量器。百升为一釜,十釜为一钟。

④开口:口食人数。

⑤禺:通“偶”,合。

⑥商:计算。

译文

令每升盐的价格增加半钱,一釜盐就可多收入五十钱。每升增加一钱,一釜就多收入一百钱。每升增加二钱,一釜就多收入二百钱。由此,一钟盐就多二千钱,十钟就多二万钱,百钟就多二十万钱,千钟就多二百万钱。万乘的大国,食用盐的人达千万。根据每人每天的食盐量,合而计算,约计一天能得二百万钱,十日得二千万钱,一月就可得六千万钱。

令针之重加一也,三十针一人之籍;刀之重加六,五六三十,五刀一人之籍也;耜铁[①]之重加十,三耜铁一人之籍也。

(《管子·海王》)

注释

①耜铁:铁铧。

译文

令每根针的价格增加一钱,三十根针的加价收入就等

于一个人缴纳的人头税；令每把刀加价六钱，五把刀就得加价三十钱，五把刀的加价收入也就等于一个人缴纳的人头税。令每个铁铧加价十钱，三个铁铧的加价收入也就等于一个人缴纳的人头税。

人君挟[①]其食，守其用，据有余而制不足，故民无不累[②]于上也。

（《管子 · 国蓄》）

注释

①挟：占有。

②累：系。

译文

君主能掌握粮食，控制财货，依靠手中的富余操控市场的不足，因而人民就没有不受制于君主的。

五谷食米，民之司命也；黄金刀币，民之通[①]施[②]也。故善者执其通施以御其司命，故民力可得而尽也。

（《管子 · 国蓄》）

注释

①通：流通。

②施：实行、实施，此处引申为用。

译文

粮食是人民生命的主宰，货币是人民用于商品交换的工具。因而，善于治国的君主能控制货币流通，通过掌握百姓手中的粮食，最大限度地使用民力。

租籍[①]者，所以强求也；租税[②]者，所虑[③]而请也。王霸之君去其所以强求，废[④]其所虑而请。故天下乐从也。

（《管子·国蓄》）

注释

①租籍：指临时强行征税。

②租税：指常规赋税。

③虑：谋划。

④废：置，即保留。

译文

租籍是强制征收的，租税是经过谋划而征收的。成就

王霸大业的君主废除了强制征收的，保留了正常求取的税收形式。因而，天下百姓都乐于服从。

凡将为国，不通于轻重，不可为笼[①]以守民；不能调通民利，不可以语制为大治。

（《管子·国蓄》）

注释

①笼：笼子，此处指控制。

译文

凡是将要治国的人若不通晓轻重之术，就不能垄断财利以控制百姓。如果不能够调节、疏通民利，就不能说是通过经济控制实现了治理。

岁有凶穰[①]，故谷有贵贱；令有缓急，故物有轻重。

（《管子·国蓄》）

注释

①穰(ráng)：丰收。

译文

年成有丰歉，所以粮价有贵贱；政令有缓急，所以物价有高低。

夫民有余则轻之，故人君敛之以轻；民不足则重之，故人君散之以重。

（《管子·国蓄》）

译文

人民的物资有盈余就愿意低价卖出，所以此时君主要趁机低价收购；人民的物资不足就愿意高价买进，所以此时君主要适时高价卖出。

凡轻重之大利，以重射轻，以贱泄平①。万物之满虚随时，准平而不变，衡②绝则重③见④。

（《管子·国蓄》）

注释

①平：指平抑物价。

②衡:平衡。

③重:再。

④见:通“现”,出现、显现。

译文

轻重之术的最大好处是能以较高的价格抢购廉价的商品,能以较低的价格投放商品平抑高价。万物的供求随着季节变动,注意调节,保持平衡,价格就不会波动;如果失衡,价格就又会忽高忽低了。

人君知其然,故守之以准平,使万室之都必有万钟之藏,藏繦[1]千万;使千室之都必有千钟之藏,藏繦百万。

(《管子·国蓄》)

注释

①繦(qiǎng):穿钱的绳子。

译文

君主知晓这个道理,因而要掌握一定的平准调控资财,使拥有万户人口的都邑藏有万钟储粮和千万贯钱币,使拥有千户人口的都邑藏有千钟储粮和百万贯钱币。

春赋[①]以敛缯帛[②]，夏贷以收秋实，是故民无废事而国无失利也。

(《管子·国蓄》)

注释

①赋：给予，此处指放贷。

②缯帛：丝织品的统称。

译文

春耕时放贷以收取丝织品；夏天放贷以收购秋粮。因而，人民不会荒废农事，国家不会流失财利。

夫以室庑[①]籍，谓之毁成；以六畜籍，谓之止生；以田亩籍，谓之禁耕；以正人籍，谓之离情；以正户籍，谓之养赢[②]。

(《管子·国蓄》)

注释

①室庑(wǔ)：房屋。

②赢：盈余，指大户人家。

译文

强征房屋税就是损毁房屋，强征六畜税就是限止牲畜

繁殖;强征田亩税就是禁止农耕,强征人丁税就是背离人情,强征户税就是优待富豪大家。

夫物多则贱,寡则贵,散[①]则轻,聚[②]则重。人君知其然,故视国之羡不足而御其财物。谷贱则以币予[③]食,布帛贱则以币予衣,视物之轻重而御之以准。故贵贱可调而君得其利。

(《管子·国蓄》)

注释

①散:流散。

②聚:囤积。

③予:交换。

译文

商品流通的规律是多余就贱,稀缺就贵,抛售时价跌,囤积时价涨。君主懂得这个道理,因而根据国内市场的需求掌控财货。粮价低就用货币抢购粮食,布帛价低就用货币抢购布帛,根据物价的涨落而加以运用平准之策。所以,物价的高低既得到了调节,君主又能从中获利。

百乘之国，官赋轨符[①]，乘四时之朝夕[②]，御之以轻重之准，然后百乘可及也。千乘之国，封[③]天财之所殖，械器之所出，财物之所生，视岁之满虚而轻重其禄，然后千乘可足也。万乘之国，守岁之满虚，乘民之缓急，正其号令而御其大准[④]，然后万乘可资也。

(《管子·国蓄》)

注释

①轨符:法定契券。

②朝夕:通“潮汐”,指价格波动。

③封:封闭,此处指垄断。

④大准:指全国的物价平衡。

译文

百乘之国由官方发行法定契券,根据四季物价的涨落,运用轻重之术加以调节、控制,这样百乘小国的开支就足用了。千乘之国垄断自然资源的产地和器械制造、财物产生的途径,根据年成的丰歉运用轻重之术控制官吏的俸禄,这样千乘之国的开支就足用了。万乘之国可以根据年成的丰歉,利用人民需求的缓急,运用号令来调节全国的

物价,万乘之国的开支也就足用了。

今人君籍求于民,令曰十日而具[1],则财物之贾[2]什去一;令曰八日而具,则财物之贾什去二;令曰五日而具,则财物之贾什去半;朝令而夕具,则财物之贾什去九。先王知其然,故不求于万民而籍[3]于号令也。

(《管子·国蓄》)

〈注释〉

①具:完备、完成。

②贾:通“价”,价格。

③籍,通“藉”,借助。

〈译文〉

现在君主强向百姓征税,规定十天交齐,百姓为了在规定时间交齐,只好贱卖自己的财物,于是市场的财物价格就会下降十分之一;规定八天交齐,财物的价格就会下降十分之二;规定五天交齐,财物价格就会下降一半;早晨下令晚上就得交齐,财物的价格就会下降十分之九。先王懂得这个道理,所以不向百姓直接求财,而是借助号令、运用轻重之术间接获取财用。

百都百县轨[1]据，谷坐长十倍。环谷而应假币。国币之九在上，一在下，币重而万物轻。敛万物，应之以币。币在下，万物皆在上，万物重十倍。府官以市横出万物，隆[2]而止。

（《管子·山国轨》）

注释

①轨：法度，此指统计工作。

②隆：假借为“降”，降落、回落。

译文

全国的都、县根据统计数据实行轻重之术，使粮价坐长十倍，然后政府用增值的粮食支付借款。这样九成的货币控制在官府手里，仅一成留在民间，因而币值升高而万物价格降低。接着，政府趁机投放货币以低价收购万物。这时货币重新回流民间，万物则汇聚在政府，而万物的价格便会上涨十倍，而政府则高价抛售手中的万物以获利，一直到物价回降为止。

去其田赋，以租其山。巨家重葬其亲者服重租，小家菲[1]葬其亲者服小租；巨家美修其宫室者服重租，小家为室庐者服小租。上立轨于国，民之贫富如加之以绳，谓之国轨。

（《管子·山国轨》）

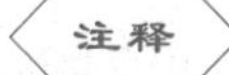

①菲：微薄。

译文

免除百姓田赋，只对山林资源征收租税。因而，富家厚葬的，需要更多木料，就要缴纳重税；小家薄葬的，只需缴纳轻税。富家修建华美宫室的，要缴纳重税；小家搭建简陋房屋的，只缴纳轻税。君主在国内设立统计数据的制度，人民的贫富像是被君主用绳索控制着，这就叫作国家的统计理财工作。

彼重则见射，轻则见泄，故与天下调。泄者，失权也；见射者，失策也。

（《管子·山权数》）

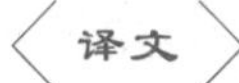

本国商品价格偏高，别国就会来倾销谋利；本国商品

价格偏低，财物就会外泄流散。所以，要注意与天下物价保持平衡。财物外泄，就是本国失权；被人谋利，就是本国失策。

大丰则藏分[①]，阨[②]亦藏分。

（《管子·山权数》）

〈注释〉

①分：半。

②阨：困厄，指歉年。

〈译文〉

在大丰收的年份，政府要贮藏手中粮食的一半，歉收的年份也要贮藏一半。

地量百亩，一夫之力也。粟贾[①]一，粟贾十，粟贾三十，粟贾百。其在流策者，百亩从中[②]千亩之策也。然则百乘从[③]千乘也，千乘从万乘也。故地有量，国无策。

（《管子·山权数》）

注释

①贾:通“价”,价格。

②中:相当于。

③从:跟随。

译文

耕种一百亩的土地是一个农夫所能胜任的。如果高田、中田、下田、荒田的粮价分别为每石一、十、三十、一百钱,在善于流通获利策略的人看来,由于价格的不同,百亩土地的收益就可以相当于千亩土地的收益。这样,百乘之国就能接近千乘之国,千乘之国就能接近万乘之国了。所以,土地的产量是一定的,国家的理财政策却不是固定的。

君通于广狭之数,不以狭畏广;通于轻重之数,不以少畏多。

(《管子·山权数》)

译文

如果君主通晓能狭能广的道理,就不会因为土地狭小而畏惧土地广阔的;如果通晓能轻能重的道理,就不会因为财货缺少而畏惧财货众多的。

轨守其数，准平其流，动于未形，而守事已成。物一也而十，是九为用。徐疾之数，轻重之策也，一可以为十，十可以为百。

（《管子·山权数》）

译文

根据统计数据来制定理财策略，平衡物价，调节流通，采用措施在事情还未形成之前，控制成果在事情完成之后。使手中财物由一涨为十，其中九成便为国家所用。运用号令缓急，采取轻重之术，财物也能由一变为十，由十变为百。

用贡①：国危出宝，国安行流。

（《管子·山权数》）

注释

①贡：贡品，此处指用作货币的龟宝。

译文

龟宝的使用方法：国家危难之际，就把它作为宝物抵押出去，用以控制急缺物资；国家安定之际，就垄断生产龟

宝,促进财物的流通。

万乘之国[1],不可以无万金之蓄[2]饰[3];千乘之国,不可以无千金之蓄饰;百乘之国,不可以无百金之蓄饰。以此与令进退,此之谓乘时。

(《管子·山权数》)

注释

①万乘(shèng)之国:万乘之国本指周朝,后泛指大国。乘,兵车,包括一车四马。乘是西周至春秋战国时军队的基本编制。以战车为中心配以相应数量的甲士和徒兵,再加相应的后勤车辆和徒役。周制:天子地方千里,出兵车万乘;诸侯地方百里,出兵车千乘。故下文的"千乘之国"即诸侯国,"百乘之国"指地方小诸侯国。至春秋战国时即以"万乘""千乘""百乘",泛指大、中、小国家。

②蓄:储藏。

③饰:饰物,此处指龟宝一类。

译文

万乘之国不可以没有价值万金的国库储备,千乘之国不可以没有价值千金的国库储备,百乘之国不可以没有价值百金的国库储备。利用储藏的宝物,配合运用国家政

令,这就叫作利用时机。

君有山,山有金[1],以立币。以币准[2]谷而授禄,故国谷斯[3]在上,谷贾什倍。

(《管子·山至数》)

注释

①金:指铜。

②准:折充、折算。

③斯:尽、全。

译文

君主拥有矿山,山中产铜,铜可以铸造钱币。然后用钱币折算成粮食给官吏发放俸禄。因而,国中粮食都掌握在君主手里,粮价就会上涨十倍。

彼谷七藏于上,三游于下,谋士尽其虑,智士尽其知,勇士轻其死。

(《管子·山至数》)

译文

如果君主将七成的粮食控制在手中,三成在民间流

通，谋士就会竭尽他们的谋略，智士就会竭尽他们的智慧，勇士就会不惜生命来报效君主了。

重①之相因，时②之化举，无不为国策。君用大夫之委③，以流归于上。君用民，以时归于君。藏轻④，出轻以重⑤，数也。

（《管子·山至数》）

注释

①重：指价格上涨。

②时：季节。

③委：积蓄、累积。

④藏轻：低价收购。

⑤以重：以高价抛出。

译文

利用粮价的上涨，掌控季节的变化，是国家的理财策略。君主取用大夫的存粮，是通过市场流通拿到手的；君主取用百姓的粮食，是通过季节差价拿到手的。囤积低价的粮食，再以高价卖出去，这就是轻重之术。

彼诸侯之谷十，使吾国谷二十，则诸

侯谷归吾国矣；诸侯谷二十，吾国谷十，则吾国谷归于诸侯矣。故善为天下者，谨守重流①，而天下不吾泄矣。彼重之相归，如水之就下。

（《管子·山至数》）

注释

①重流：指国际间高价的流通政策。

译文

各诸侯国的粮价为十钱，假如我国粮价为二十钱，那么列国的粮食就流归我国了；假如各诸侯国的粮价为二十钱，我国为十钱，那么我国的粮食就流归各诸侯国了。所以，善于治理天下的君主，要坚持国际之间的高价流通政策，各诸侯国就不会泄散我国的粮食。粮食流入高价国家，就如同水往低处流动一样。

吾国岁非凶也，以币藏之，故国谷倍重，故诸侯之谷至也。是藏一分以致诸侯之一分。利不夺于天下，大夫不得以富侈。

（《管子·山至数》）

注释

①一分:整体分为若干分的一部分。

译文

我国没有发生灾荒时,可以投入货币囤积粮食,促使国内粮价上涨,因而各诸侯国的粮食就会流入我国。这样我们储藏一分粮食,即可吸纳其他诸侯国的一分粮食。国内财利就不会被天下夺取,国内大夫也不会因操纵粮价而暴富奢侈。

君以币赋禄,什在上。君出谷,什而去七。君敛三,上赋七,散振[1]不资者,仁义也。

(《管子·山至数》)

注释

①振:通"赈"赈济、救济。

译文

君主用货币取代粮食发放俸禄,那么粮食就全部为君主控制,然后君主自留三成,再将手中的七成赈济贫民,这

就是君主运用轻重之术彰显仁义。

圣人理之以徐疾，守之以决塞，夺之以轻重，行之以仁义。

（《管子·山至数》）

译文

圣人利用号令的缓急理财，用政策的收放控财，用轻重之术夺财，用仁义的名义推行。

士受资以币，大夫受邑以币，人马受食以币，则一国之谷赀[①]在上，币赀在下。国谷什倍，数也。万物财物去什二，策也。

（《管子·山至数》）

注释

①赀：资财。

译文

士的俸禄用货币支付，大夫采邑的收入用货币支付，官府的人、马开支也用货币支付，这样全国的粮食就会聚

集到君主手里，而货币散布在民间。由此，粮价会上涨十倍，这是币轻而谷重的规律；万物会下跌二成，这是谷重而万物轻的规律。

彼币重而万物轻，币轻而万物重，彼谷重而金轻。人君操谷、币、金衡，而天下可定也。

（《管子·山至数》）

〈译文〉

货币增值，物价就会下降；货币贬值，物价就会上升；粮价上升，金价就会下降。因此，君主能操控粮食、货币、黄金之间比价的平衡，就可以安定天下。

山处之国常藏谷三分之一。汜[①]下多水之国常操国谷三分之一。山地分之国常操国谷十分之三。水泉之所伤，水泆之国常操十分之二。漏壤[②]之国谨下诸侯之五谷，与[③]工雕文梓器[④]以下天下之五谷。

（《管子·山至数》）

注释

①汜(sì):不流通的水沟。

②漏壤:指渗漏的土地。

③与:帮助。

④梓器:木工所制的器具。

译文

多山之国要存储三分之一的粮食,低洼多水的国家要存储三分之一的粮食,山陵、平地各半的国家要存储十分之三的粮食,水泉多害与水溢多患的国家要存储十分之二的粮食,土壤漏水的国家只有努力换取别国的粮食,通过扶持手工业,用精雕细刻的木器来交换天下的粮食。

先王各用于其重,珠玉为上币,黄金为中币,刀布为下币。令疾则黄金重,令徐则黄金轻。先王权度其号令之徐疾,高下其中币而制下上[①]之用,则文武是也。

(《管子·地数》)

注释

①下上:指下币、上币。

〈译文〉

先王根据财物的贵重程度分别使用，规定珠玉为上等币，黄金为中等币，刀布为下等币。政令急，金价就上涨；政令缓，金价就下跌。先王能权衡政令的缓急，通过调节黄金价格控制下币和上币的运用，这就是周文王、周武王功成名就的原因。

夫水激而流渠[①]，令疾而物重。先王理其号令之徐疾，内守国财而外因[②]天下矣。

（《管子·地数》）

〈注释〉

①渠：通“遽”，急。

②因：依靠、利用。

〈译文〉

水势激荡则水流湍急，号令急迫则物价暴涨。先王运用号令的缓急，对内能据守财利，对外能利用天下。

夫善用本[①]者，若以舟济于大海，观风之所起。天下高则高，天下下则下。天下

高我下，则财利税[2]于天下矣。”

（《管子·地数》）

注释

①本：指国。

②税：征收。

译文

善于治国的君主，就像大海行船一样，要时刻注意观察风向的变化。列国的粮价高，我国就跟着增高；列国的粮价低，我国就跟着降低。如果列国的粮价高而我们独低，我们的财利就等于被天下它们侵夺去了。

夫齐衢[1]处之本，通达所出也，游子胜商[2]之所道。人来本者，食吾本粟，因吾本币，骐骥[3]黄金然后出。令有徐疾，物有轻重，然后天下之宝壹[4]为我用。

（《管子·地数》）

注释

①衢：四通八达的道路。

②胜商：指富商。

③骐骥:良马。

④壹:一概、都。

译文

齐国地处交通要道,是四通八达的地方,也是游客富商的必经之处。外人来我国食用我们的粮食,兑换我们的钱币,就得用良马、黄金交换。所以君主掌握号令的缓急,控制物价的高低,天下的宝物就都能为我们所用了。

令诸侯之子将委质[①]者,皆以双虎之皮,卿大夫豹饰[②],列大夫豹幨[③]。大夫散其邑粟与其财物以市虎豹之皮,故山林之人刺其猛兽若从[④]亲戚之仇[⑤]。此君冕服[⑥]于朝,而猛兽胜于外。大夫已散其财物,万人得受其流。

(《管子·揆度》)

注释

①委质:献礼称臣。质,通“贽”,礼物。

②饰:衣袖。

③幨(chān):衣襟。

④从:追逐。

⑤亲戚之仇:父母的仇人。

⑥冕服:礼服。

译文

他们命令诸侯之子前来献礼称臣的,要奉献两张虎皮制成的皮裘,卿大夫也要献上饰有豹皮衣袖的皮裘,列大夫也要献上饰有豹皮衣襟的皮裘。大夫们就急忙散卖自己的粮食、财物抢购虎豹之皮,因此,山林中百姓争相捕杀猛兽,如同追逐父母的仇敌一样。这就是国君身着礼服端坐在堂上,而猛兽已被猎杀于外。大夫们散发财物,百姓在流通中获利。

守四方之高下,国无游贾,贵贱相当,此谓国衡[①]。

(《管子·揆度》)

注释

①衡:平衡。

译文

合理掌控各地物价的涨跌,国内就没有投机钻营的游商,物价也不高不低,大体相当,这就叫作国家的物价平衡。

天下善者不然，民重则君轻，民轻则君重。此乃财[①]余以满不足之数也。

（《管子·揆度》）

注释

①财：通“裁”，裁断。

译文

天下善于治国的君主不是这样，民间的物价高，君主就低价抛售；民间的物价低，君主就高价收购。这就是减损有余、补充不足的调控方法。

若四时之更举[①]，无所终。国有患忧，轻重五谷以调用，积余臧[②]羡以备赏。天下宾服，有海内，以富[③]诚信仁义之士，故民高辞让，无为奇怪者。

（《管子·揆度》）

注释

①更举：交替兴起。

②臧：通“藏”。

③富：加富，此指奖赏。

译文

当国家遭遇忧患时，就调控粮价来解决国用，积藏余财以备奖赏。当天下归服、海内统一时，就奖赏诚信仁义的人，因而百姓就会崇尚礼让，没有奇言怪行的人。

一岁耕，五岁食，粟贾[1]五倍。一岁耕，六岁食，粟贾六倍。二年耕而十一年食。夫富能夺，贫能予，乃可以为天下。

（《管子·揆度》）

注释

①贾：通“价”，价格。

译文

要做到一年耕种的粮食够五年食用，就要提高粮价的五倍来刺激农业生产；要做到一年耕种够六年食用，就要提高粮价的六倍。这样，两年耕作的粮食就能够十一年食用。剥夺富者，施予贫者，君主才可以治理天下。

物重则至，轻则去。有以重至而轻处

者，我动而错[1]之，天下即已于我矣。

（《管子·揆度》）

〈注释〉

①错：通“措”，举措。

〈译文〉

价格高则财货涌进，价格低则财货散去。如果有奔高价涌来、降价时滞销的财货，我们就要立即动手收购它。这样，天下的财富就归于我们了。

物臧则重，发则轻，散则多。币重则民死利[1]，币轻则决而不用，故轻重调[2]于数而止。

（《管子·揆度》）

〈注释〉

①死利：为利而死。

②调：调节。

〈译文〉

财货囤积则价格上涨，财货抛售则价格下跌，流通于

市场就显得多。钱币贵重时人民死命追求，钱币贬值时人民则舍弃不用。因此，轻重之术应把货币调整到适度为止。

五谷者，民之司命也。刀币者，沟渎[①]也。号令者，徐疾也。

（《管子·揆度》）

注释

①沟渎：沟渠，指流通渠道。

译文

粮食是人民的命脉，货币是流通的媒介，号令是调控经济缓急的保证。

夷疏[①]满之，无食者予之陈[②]，无种者贷之新，故无什倍之贾，无倍称之民[③]。

（《管子·揆度》）

注释

①夷疏：割取蔬菜。

②陈：旧粮。

③倍称之民：取成倍利息的高利贷者。

〈译文〉

君主应用蔬菜补足民用。没有粮食的，国家发放旧粮；没有种子的，国家贷给新粮。这样才不会出现牟利十倍的奸商，也不会出现成倍收息的高利贷者。

轻重无数[①]，物发而应之，闻声而乘之。故为国不能来天下之财，致天下之民，则国不可成。

（《管子·轻重甲》）

〈注释〉

①数：定数。

〈译文〉

轻重之术是没有定数的，物资出动就要随机应变，听到信息就要及时利用。因此，如果治国的君主不能招徕天下的财富和百姓，就不能成就功业。

请战衡[①]，战准[②]，战流[③]，战权[④]，战势[⑤]，此所谓五战而至于兵者也。

（《管子·轻重甲》）

注释

①衡:平衡供求。

②准:调控物价。

③流:控制流通。

④权:通权达变。

⑤势:利用时势。

译文

请在平衡供求上争胜,在调控物价上争胜,在财物流通上争胜,在运用权术上争胜,在利用时势上争胜。这就是在五个方面妥善备战才可以用兵的道理了。

吾国之豪家,迁封①、食邑②而居③者,君章④之以物则物重,不章以物则物轻;守之以物则物重,不守以物则物轻。

(《管子·轻重甲》)

注释

①迁封:升迁受封,即升官。

②食邑:食有采邑。

③居:积蓄。

④章:通"障",阻挡,引申为控制。

译文

我国的豪家，那些升迁受封、食有采邑而积蓄的人，如果君主能控制他们的积蓄，物价就上涨；不能控制，物价就下跌；如果能占有他们的积蓄，物价就上涨；不占有，物价就下跌。

禁百钟[①]之家不得事鞒[②]，千钟之家不得为唐园[③]，去市三百步者不得树葵菜[④]。若此，则空闲[⑤]有以相给资，则北郭之甿[⑥]有所雔[⑦]。其手搔之功[⑧]，唐园之利，故有十倍之利。

（《管子·轻重甲》）

注释

①钟：古代量器，也是容量单位。

②鞒：通“屦”，草鞋。

③唐园：菜园。唐：通“塘”，水塘。

④葵菜：又名“冬葵”，古代重要蔬菜之一。

⑤空闲：指无业人员。

⑥甿：通“氓”，民。

⑦雔（chóu）：售卖。

⑧手搔之功:指手工劳动。搔,通“爪”,手指甲。

译文

命令有百钟存粮的富家不得编织草鞋,有千钟存粮的富家不得经营菜园,距离集市三百步以内的人家不得自种蔬菜。这样,无业的家庭就可以得到资助,北郭贫民生产的草鞋、蔬菜等就会售卖一空,他们的手工劳动和菜园收入,也会比以往增加十倍。

万乘之国必有万金之贾,千乘之国必有千金之贾,百乘之国必有百金之贾,非君之所赖[①]也,君之所与[②]。

(《管子·轻重甲》)

注释

①赖:依靠。

②与:参与,此处指干预。

译文

万乘之国必定有万金资产的商人,千乘之国必定有千金资产的商人,百乘之国必定有百金资产的商人。他们不是君主所依靠的,而是君主所干预的对象。

善者乡[①]因其轻重，守其委庐[②]，故事至而不妄，然后可以立为天下王。

(《管子·轻重甲》)

注释

①乡：通“向”，向来。

②委庐：储存钱粮房舍，此指国家府库。

译文

善于治国的君主，向来都是利用轻重之术掌控充足的财物储备。因而，遇事不慌乱，才可以成为天下的统治者。

为人君不能散积聚，调高下，分并财，君虽强本趣[①]耕，发草[②]立币而无止，民犹若不足也。

(《管子·轻重甲》)

注释

①趣：通“促”，频。

②发草：指开垦荒地。

〈译文〉

作为君主，如果不能分散囤积的粮食，调节物价的高低，分割兼并的财利，即使提倡农事，督促耕种，无休止地开垦荒地、铸造钱币，民众仍不富足。

万物通则万物运，万物运则万物贱，万物贱则万物可因矣。

（《管子·轻重甲》）

〈译文〉

万物流通才可以运用万物，运用万物才可使物价降低，物价降低才可以凭借、利用万物。

粟重黄金轻，黄金重而粟轻，两者不衡立。

（《管子·轻重甲》）

〈译文〉

粮价上涨，黄金的价格就会下跌。金价上涨，粮价就会下跌。两者不会同时上涨或下跌。

善者不如与民，量其重，计其赢①，民得其七，君得其三。有②杂之以轻重，守之以高下。

（《管子·轻重乙》）

注释

①赢：赢利。

②有：通“又”。

译文

善于治国的君主不如让百姓自由开采，根据其产量，计算其赢利。百姓分得七成，君主抽取三成。然后君主再运用轻重之术调控铁器价格的高低。

民，夺之则怒，予之则喜。民情固①然。先王知其然，故见予之形，不见夺之理。

（《管子·轻重乙》）

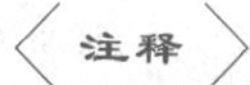

①固：原本。

译文

人民被夺取利益时，就会愤怒；获得利益时，就会欢喜。人的本性就是如此。先王懂得这个道理，因而在给予利益时，人民都能看得见；在夺取利益时，人民却看不出其中的道理。

善为国者，天下下我高，天下轻我重，天下多我寡，然后可以朝天下[①]。

（《管子·轻重乙》）

注释

①朝天下：使天下诸侯来朝。

译文

善于治国的君主，总是在各国物价降低时提价抢购，在天下轻视财物时大肆收购；在天下财物众多时，就囤积财物而让其稀少难求。如此就可以统领天下。

滕鲁之粟釜百，则使吾国之粟釜千，滕鲁之粟四流而归我，若下深谷者。非岁凶而民饥也，辟[①]之以号令，引之以徐疾，

施乎[2]其归我若流水。

(《管子·轻重乙》)

注释

①辟:征召。

②施乎:舒行貌。

译文

滕国、鲁国的粮价为每釜一百钱,假如我国粮价为每釜一千钱,滕、鲁两国的粮食就会进入我国,就像水流奔向深谷一样。这并不是因为我们遭受灾荒、百姓饥饿,而是运用号令来征召,利用供求缓急来诱导,所以粮食就如流水般源源不断地进入我国。

粟重而万物轻,粟轻而万物重,两者不衡立。

(《管子·轻重乙》)

译文

粮价上涨,万物的价格就会下跌;粮价下跌,万物的价格就会上涨。两者不会同时上涨或下跌。

调则澄[1],澄则常,常则高下不贰[2],高

下不贰则万物不可得而使固。

（《管子·轻重乙》）

注释

①澄:水静而清。

②不贰:没有差异。

译文

整齐划一就会静止,静止就没有变化,没有变化就没有涨跌,没有涨跌就不能利用价格变化来控制万物了。

请以令为诸侯之商贾立客舍,一乘者有食,三乘者有刍菽[①],五乘者有伍养[②],天下之商贾归齐若流水。

（《管子·轻重乙》）

注释

①刍菽:喂养牲口的食料。刍,草。菽,豆。

②养:负责食厨的仆役。

译文

请下令为各国商人修建馆舍,规定为一乘货车的商人

免费供食，为三乘货车的商人加供牲畜食料，为五乘货车的商人配备五个服务人员。这样，天下的商人就会像流水一般涌入齐国。

今齐西之粟釜百泉①，则鉅②二十也。齐东之粟釜十泉，则鉅二钱也。请以令籍人三十泉，得以五谷菽粟决其籍。若此，则齐西出三斗而决其籍，齐东出三釜而决其籍。然则釜十之粟皆实于仓廪，西之民饥者得食，寒者得衣。

（《管子·轻重丁》）

注释

①泉：钱。

②鉅：古容量单位，二斗为一鉅，或说一斗二升八合为一鉅，五鉅为一釜。

译文

现在齐国西部因水灾而粮价每釜百钱，即每鉅二十钱，东部因丰收而粮价每釜仅十钱，即每鉅二钱。请下令每人交人头税三十钱，并要求用各种粮食折纳上缴。这样，齐国西部每人出粮三斗就可以了，而东部就要拿出三釜之

多。那么东部一釜仅十钱的粮食就都收入国家粮仓，以备赈济西部，从而西部的受灾百姓就有饭可吃，有衣可穿了。

君动言操辞，左右之流君独因之。物之始吾已见之矣，物之终吾已见之矣，物之贾吾已见之矣。

（《管子·轻重丁》）

〈译文〉

君主能够依靠国家的号令，掌控左右四方的财物流通。因此，财物的生产我们已知道，财物的流向我们也已知道，财物的价格我们就更了如指掌了。

君守布则籍[①]于麻，十倍其贾，布五十倍其贾。此数也。

（《管子·轻重丁》）

〈注释〉

①籍：征收。

〈译文〉

君主要掌控成品布的价格，就要在其原料麻上征税。如

果麻价上涨十倍,布价就会上涨五十倍。这就是理财的方法。

善为国者守其国之财,汤[①]之以高下,注[②]之以徐疾,一可以为百。未尝籍求于民,而使用若河海,终则有始。此谓守物而御天下也。

(《管子·轻重丁》)

注释

①汤:通"荡",震动。

②注:注入。

译文

善于治国的君主能掌控本国的财物,用物价的高低来激励,用号令的缓急来调节,就能做到一变为百。不向人民强制征税,却能用财不尽,如同取于江河,周而复始。这就叫作掌控财物而驾驭天下了。

以人求人,则人重矣;以数求物,则物重矣。

(《管子·轻重丁》)

〈译文〉

君主直接派人向百姓强制征税,百姓的负担就会越来越重;君主按照轻重之术间接控制财物,财物就会越积越多。

礼义篇

概述

管子重礼,《左传·僖公十二年》载,周天子以"上卿之礼飨管仲",而他自称"贱有司",执意推辞,只接受下卿之礼。他创造性地借用了周文化中的礼义文化,提出"四维",即"一曰礼,二曰义,三曰廉,四曰耻""四维"之中,礼、义为先。他主张通过礼、义来规范人的行为,整饬社会秩序:"礼不逾节,义不自进,廉不蔽恶,耻不从枉。"礼具体包括"上下有义,贵贱有分,长幼有等,贫富有度"等八个方面的内容。其中,"贫富有度"是指将贫富差距控制在合理范围内,这是管子"仓廪实则知礼节"思想精华的一贯体现。在外交方面,管子主张"远者以礼,近者以体""招携以礼,怀远以德,德礼不易,无人不怀",齐国尊王攘夷、存邢救卫的做法就极大地提高了齐桓公在诸侯中的声望。在君臣之礼上,管子指出"君人者制仁,臣人者守信",而"为君不君,为臣不臣,乱之本也"。"守礼莫若敬"是指守礼的原则。只有"恭逊敬爱",才能"吉事可以入祭,凶事可以居丧。大以理天下而不益也,小以治一人而不损也"。他还主张礼法并用,"法出于礼,礼出于治""故法而守常,尊礼而变俗"。

何谓四维[1]？一曰礼，二曰义，三曰廉，四曰耻。礼不逾节，义不自进[2]，廉不蔽恶[3]，耻不从枉[4]。

(《管子·牧民》)

注释

①维：系物的大绳，此处指维系事物的关键。

②自进：妄自求进。

③蔽恶：掩饰过错。

④枉：邪曲。

译文

治国教民的四个关键是什么？一是礼，二是义，三是廉，四是耻。遵循礼制，不违背节度；讲求仁义，不妄自求进；保持廉洁，不掩饰过错；明知耻辱，不跟从邪曲。

君不君则臣不臣，父不父则子不子。

(《管子·形势》)

译文

人君没有人君的样子，臣下自然就没有臣下的样子；

父亲没有父亲的样子，儿子自然就没有儿子的样子。

通[1]之以道，畜[2]之以惠，亲之以仁，养之以义，报之以德，结之以信，接之以礼，和之以乐，期[3]之以事[4]，考之以言[5]，发之以力，威之以诚。

(《管子·幼官》)

注释

①通：开导。

②畜：养育。

③期：期会，指定期上报。

④事：工作。

⑤考之以言：考察其言论。

译文

君主要用道理开导人民，用恩惠奉养人民，用仁爱亲近人民，用道义培养人民，用仁德回报人民，用诚信交结人民，用礼节接待人民，用音乐取悦人民，预定事务考验人民，听取言论考察人民，用威力激发人民，用训诫威慑人民。

上下有义[1]，贵贱有分，长幼有等，贫

富有度，凡此八者，礼之经也。

（《管子·五辅》）

注释

①义：通“仪”。

译文

上和下要有礼仪，贵和贱要有名分，长和幼要有差别，贫和富要有限度，这八个方面是礼的基本准则。

法出于礼，礼出于治[①]。

（《管子·枢言》）

注释

①治：通“辞”，言辞。

译文

法律出自于礼，礼出自于言辞。

先王取天下，远者以礼，近者以体[①]。

（《管子·枢言》）

注释

①体:亲近。

译文

先王夺取天下时,对远处的诸侯以礼相待,对近处的诸侯亲近有加。

为君不君,为臣不臣,乱之本也。

(《管子·小匡》)

译文

作为君主却没有人君的德行,作为臣子却不守人臣的本分,这就是国家混乱的根本。

以德予人者谓之仁,以财予人者谓之良。以善胜人者,未有能服人者也;以善养人者,未有不服人者也。

(《管子·戒》)

译文

授人恩德,叫作仁;授人财物,叫作良。善于压过别人

的，没有能让人信服的；善于养护别人的，没有不让人信服的。

治斧钺者不敢让[①]刑，治轩冕者不敢让赏，隤然[②]若一父之子，若一家之实，义礼明也。

（《管子·君臣下》）

〈注释〉

①让：窃夺。

②隤(tuí)然：安顺的样子。

〈译文〉

掌管刑罚的人不敢窃夺刑杀大权，掌管爵禄的人不敢窃取赏赐大权，百姓安顺地像是一个父亲的儿子、一家人一样。这是礼义分明的缘故。

君人者制[①]仁，臣人者守信。此言上下之礼也。

（《管子·君臣下》）

注释

①制:主管、掌管。

译文

国君主持仁德,臣下谨守诚信。这就是君臣之间的礼法。

夫赏重,则上不给也;罚虐,则下不信也。是故明君饰[①]食饮[②]吊伤[③]之礼,而物属[④]之者也。

(《管子·君臣下》)

注释

①饰:通"饬",整饬。

②食饮:指享燕之礼。

③吊伤:指丧祭之礼。

④物属:按物类归属。

译文

赏赐过重,君主就无力供给;刑罚暴虐,百姓就不会信服。所以,贤明的国君整饬享燕、丧祭等礼仪,是为了按照物类归属礼制。

大哉恭逊敬爱之道。吉事可以入祭[①]，凶事可以居丧。大以理天下而不益也，小以治一人而不损也。

（《管子·小称》）

〈注释〉

①入祭：入主祭祀。

〈译文〉

懂得恭逊敬爱的道理多重要啊！吉事可以凭它主持祭祀，凶事也可凭它平安居丧。大到治理天下也不用增益什么，小到自身修养也不用减损什么。

若夫教者，摽然[①]若秋云之远，动人心之悲；蔼然[②]若夏之静云，乃及人之体；窎然[③]若皓月之静，动人意以怨；荡荡若流水，使人思之，人所生[④]往。

（《管子·侈靡》）

〈注释〉

①摽(biāo)然：高远的样子。

②蔼然:温和的样子。

③窎(diào)然:幽深的样子。

④生:通“性”,本性。

译文

教化如同秋云般高远疏淡,让人动容心悲;又如同夏天的静云一样和煦怡人,让人身心温暖;又如同皓月当空一般静谧神思,引发人的哀怨;又如同浩荡的流水一般发人深省,令人向往。

故[①]法而守常,尊礼而变俗,上信而贱文,好缘[②]而嫌驵[③],此谓成国之法也。

(《管子·侈靡》)

注释

①故:通“固”,固守。

②缘:顺、沿。

③驵:粗,此指粗暴。

译文

固守法令而坚守传统,遵循礼法而变革习俗,崇尚诚信而轻贱文饰,喜好温顺而嫌弃粗暴,这些都是立国的法则。

国虽强，令必忠以义；国虽弱，令必敬以哀[1]。强弱不犯，则人欲听矣。

（《管子·侈靡》）

注释

①哀：通“爱”，友爱。

译文

对方即便强大，自己的辞令也要遵循忠义；对方即便弱小，自己的辞令也要恭敬友爱。如此，无论强国、弱国都不冒犯，各国都愿服从了。

忠敬也，君臣之际[1]也；礼义者，人君之神也。

（《管子·侈靡》）

注释

①际：交接。

译文

忠敬是君臣交接的准则，礼义是君主治国的条件。

虚而无形谓之道，化育万物谓之德，君臣父子人间之事谓之义，登降揖让[①]、贵贱有等、亲疏之体谓之礼，简物[②]小大一道、杀僇[③]禁诛谓之法。

（《管子·心术上》）

注释

①登降揖让：指宾主相见之礼。

②简物：即简繁。

③僇：通“戮”，杀戮。

译文

虚空而没有形体的称作“道”，能养育万物的称作“德”，君臣、父子之间的纲常称作“义”，尊卑相让、贵贱有别、亲疏有节称作“礼”，无论事物繁简大小都一样对待，并用杀戮、禁诛来威慑的称作“法”。

节[①]怒莫若乐，节乐莫若礼，守礼莫若敬。

（《管子·心术下》）

注释

①节：节制。

译文

节制怒气莫不如音乐，节制享乐莫不如守礼，守礼莫不如保持恭敬。

刑以弊[①]之，政以命之，法以遏之，德以养之，道以明之。

（《管子·正》）

注释

①弊：判决、裁决。

译文

刑法是用来裁决的，政权是用来推行命令的，法律是用来遏制奸行的，德是用来养育百姓的，道是用来启明百姓的。

罪人当名曰刑，出令当时曰正[①]，当故[②]不改曰法，爱民无私曰德，会[③]民所聚曰道。

（《管子·正》）

注释

①正:通“政”,时政。

②故:成规。

③会:符合、投合。

译文

判罪合乎罪名叫作刑,发令符合时势叫作正,合理而不私改叫作法,爱民而无偏私叫作德,符合民心所向叫作道。

信也者,民信之;仁也者,民怀之;严也者,民畏之;礼也者,民美之。

(《管子·小问》)

译文

君主诚信,百姓才会信服;君主仁爱,百姓才会感恩戴德;君主威严,百姓才会心生敬畏;君主有礼,百姓才会不吝赞美。

苗,始其少也,眗眗①乎何其孺子也!至其壮也,庄庄②乎何其士也!至其成也,由由③乎兹④免⑤,何其君子也!

(《管子·小问》)

注释

①眴眴:通“恂恂”,柔顺的样子。

②庄庄:庄重的样子。

③由由:通“油油”,恭敬的样子。

④兹:更加。

⑤免:俯。

译文

禾苗初生之时,柔顺的样子如同孩子。长成以后,庄重的样子如同男子汉。等到成熟时,恭敬地弯腰俯首向地,这才是君子之风啊!

招携[①]以礼,怀[②]远以德,德礼不易,无人不怀。

(《左传 · 僖公七年》)

注释

①携:叛离。

②怀:使……归顺。

译文

用礼来招抚叛离的国家,用德使远方的国家归顺。不

违背德、礼，就没有人不会归顺。

子父不奸[1]之谓礼，守命共时[2]之谓信。违此二者，奸莫大焉。

（《左传·僖公七年》）

注释

①奸：干犯、违背。

②共时：恭敬时事。

译文

儿子与父亲互不干犯叫作礼，恪守君命、恭敬尽职叫作信。违背这两条，就没有比这更大的邪恶了。

以德分[1]人谓之圣，以财分人谓之贤。以贤临[2]人，未有得人者也；以贤下人，未有不得人者也。

（《庄子·徐无鬼》）

注释

①分：分出，此处指感化。

②临:以上临下。

〈译文〉

用德行去感化他人的是圣人,分财周济他人的是贤人。以贤自居、凌驾别人的,不会受到人们的拥戴;虽然贤明却能谦恭待人的,没有不受人们拥戴的。

夫士怀耿介[①]之心,不荫[②]恶木之枝。恶木尚能耻之,况与恶人同处?

(萧统《文选·乐府十七首·猛虎行》李善注引)

〈注释〉

①耿介:耿直。

②荫:遮蔽。

〈译文〉

士人有耿直的心,不愿在贱劣的树下遮阴。对贱劣的树都感到耻辱,何况与有恶行的人同处呢?

法治篇

概述

“仁义礼乐者，皆出于法”，是从法律角度延续了管子的礼、法并用的思想。君主“能生法”，却“不能废法”，只能以身守法。只有君主“禁胜于身”，才能“令行于民”。如果“禁不胜于亲贵，罚不行于便辟，法禁不诛于严重”，法令就会沦为一纸空文。君主“使法择人，不自举也；使法量功，不自度”，就可达到“身佚而天下治”的最高境界。在制定法令上，管子认为不要过于苛刻，“禁多者，其止寡；令多者，其行寡”。制度法令的目的是“以有刑至无刑者，其法易而民全”，人的本性是“先易者后难，先难而后易”，因而国家通过法令的事前约束，促使人们养成守法习惯，防患于未然。在法令执行上，他认为不要滥赏滥罚，“致赏则匮，致罚则虐”。换言之，“君臣上下贵贱皆从法”，国家便可实现“大治”。

不为重宝亏[1]其命[2]，故曰令贵于宝。不为亲戚危其社稷[3]，故曰社稷亲于戚。不为爱人枉其法，故曰法爱于人。不为重爵禄分其威，故曰威重于爵禄。

（《管子·七法》）

注释

①亏：损害。

②命：政令。

③社稷：本为土地神、谷神，此代指国家。

译文

君主不为珍宝而损害政令，因此说政令要比珍宝贵重。君主不为亲戚而危害国家，因此说国家比亲戚更重要。君主不为喜爱的人而违背法律，因此说法律比人情更需要爱护。君主不因重视爵位、俸禄而分损权威，因此说权威要比爵位、俸禄更重要。

上令轻[1]，法制毁，则君毋以使臣，臣毋以事君矣。

（《管子·八观》）

注释

①轻：轻视。

译文

如果君主的法令受到轻视、法制遭到破坏，那么君主就无法使用大臣，大臣也不会侍奉君主。

法虚立而害疏远，令一布而不听者存，贱爵禄而毋功者富，然则众必轻令而上位危。

（《管子·八观》）

译文

法律若形同虚设，就会加害君主疏远的人；法令公布，不听令的却大有人在，就会出现滥赏爵位、俸禄及无功而富贵现象。如果这样，民众必然会轻视法令，君主的地位也就岌岌可危了。

法制不议[①]，则民不相私；刑杀毋赦，

则民不偷于为善；爵禄毋假[②]，则下不乱其上。

（《管子·法禁》）

〈注释〉

①议：私议。
②假：给予。

〈译文〉

法制不准私自议论，百姓就不会作奸犯科；刑杀不轻易赦免，百姓就不会随意做事；爵禄不随意授予，臣下就不会犯上作乱。

君壹[①]置其仪，则百官守其法；上明陈其制，则下皆会[②]其度矣。

（《管子·法禁》）

〈注释〉

①壹：统一。
②会：领会。

〈译文〉

君主统一设置法度，百官就会守法；上面公开宣扬各

项规章,下面自然都能领会。

凡君①国之重器,莫重于令。令重则君尊,君尊则国安;令轻则君卑,君卑则国危。

(《管子·重令》)

〈注释〉

①君:君临、统治。

〈译文〉

凡是统治国家的重器,没有比法令更重要的。法令受到重视则君主威严,君主威严则国家安定;法令遭到轻视则君主势微,君主势微则国家危亡。

亏①令者死,益令者死,不行令者死,留②令者死,不从令者死。

(《管子·重令》)

〈注释〉

①亏:减损、损害。

②留:留迟。

〈译文〉

损害法令的人,处死;增益法令的人,处死;不行法令的人,处死;留迟法令的人,处死;不服从法令的人,处死。

禁[1]不胜[2]于亲贵,罚不行于便辟[3],法禁不诛于严重[4],而害于疏远,庆赏不施于卑贱,而求令之必行,不可得也。

(《管子·重令》)

〈注释〉

①禁:禁令、法令。
②胜:制服、战胜。
③便辟:君主宠幸的小人。
④严重:指罪行严重的人。

〈译文〉

法禁不适用于亲戚、贵族,刑罚不施行于庞臣,诛杀不加于重罪的人,反而危害君主疏远的人,赏赐不能施予低贱的百姓,却希望法令能得以坚定的贯彻执行,是不可能的。

不法法则事毋常,法不法则令不行。

令而不行则令不法也，法而不行则修[1]令者不审也，审而不行则赏罚轻也，重而不行则赏罚不信也，信而不行则不以身先之也，故曰禁胜[2]于身则令行于民矣。

（《管子·法法》）

注释

①修：制定。

②胜：克制。

译文

不按法律办事，万事就无常规。法律不合法度，政令也不会施行。政令公布而不能实施是因为政令不合法度，政令合乎法度而不能施行是因为政令者制定考虑不审慎，考虑审慎而政令不行是因为赏罚太轻，赏罚加重而政令不行是因为赏罚不能让人信服，赏罚令人信服而政令不行是因为君主没有以身作则。所以说，法令连君主都能约束，百姓自然也就遵行了。

求多者，其得寡；禁多者，其止寡；令多者，其行寡。求而不得，则威日损；禁而不止，则刑罚侮[1]；令而不行，则下凌上。

（《管子·法法》）

注释

①侮:轻视。

译文

求取太多,得到的反而就少;禁令太多,服从的人反而就少;法令太多,执行效果反而就小。如果求取而得不到,君主的威严就日渐损害;如果屡禁而不止,刑罚就会受到轻视;如果有令而不行,就会导致以下犯上。

宪律制度必法道,号令必著明,赏罚必信必[①],此正民之经[②]也。

(《管子·法法》)

注释

①必:坚决。

②经:准则。

译文

法律制度必须符合治国之道,号令必须公开严明,赏罚必须坚决执行,这就是规范人民的准则。

法立令行，则民之用者众矣；法不立，令不行，则民之用者寡矣。

（《管子·法法》）

译文

法律确立，政令通行，君主能使用的百姓就多；法律不确立，政令不行，君主能使用的百姓就少。

巧者能生规矩[①]，不能废规矩而正方圜[②]。虽圣人能生法，不能废法而治国。

（《管子·法法》）

注释

①规矩：圆规与曲尺。

②圜：通“圆”。

译文

虽然巧匠能制作规矩，但不能废弃规矩而正方圆。圣人可以创制法律，但不能废弃法律而治国家。

君据法而出令，有司奉命而行事，百

姓顺上而成俗，著久而为常。犯俗离教者，众共奸[1]之，则为上者佚[2]矣。

（《管子·君臣上》）

注释

①奸：以……为奸。

②佚：安逸。

译文

君主依照法律发布政令，百官奉命而行事，百姓顺从君主而成为习俗，日久便为常规。对于那些违反习俗、背离教化的人，百姓会群起而攻之，这样君主便安逸无事了。

有善者不留[1]其赏，故民不私其利；有过者不宿[2]其罚，故民不疾[3]其威。

（《管子·君臣上》）

注释

①留：滞留、延迟。

②宿：隔夜，引申为推迟。

③疾：毁谤。

译文

有善行的人不滞留对他的赏赐，因而百姓就不计较私利；有罪过者不拖延对他的处罚，因而百姓就不毁谤威严。

致[①]赏则匮，致罚则虐。

（《管子·君臣下》）

注释

①致：通“至”，最。

译文

赏赐过分会导致财力匮乏，刑罚过度会造成法令暴虐。

圣君任[①]法而不任智，任数[②]而不任说，任公而不任私，任大道而不任小物，然后身佚而天下治。

（《管子·任法》）

注释

①任：依靠。

②数:通“术”,指制度、政策。

译文

圣明的君主依靠法制而不依靠智力,依靠制度而不依靠言论,依靠公法而不依靠私情,依靠大道而不依靠小计,这样君主就会身心安逸而天下大治。

所谓仁义礼乐者,皆出于法。

(《管子·任法》)

译文

仁、义、礼、乐都来源于法。

夫法者,上之所以一民使下也;私者,下之所以侵法乱主也。

(《管子·任法》)

译文

法律是君主统一民心、使用民力的工具;私情是臣下侵害法制、扰乱君主的祸端。

夫生[①]法者，君也；守法者，臣也；法于法者，民也。君臣上下贵贱皆从法，此谓为大治。

（《管子·任法》）

注释

①生：制作。

译文

制定法律的是君主，维护法律的是臣子，依法行事的是民众。君臣上下，无论贵贱都遵从法律，这就叫作大治。

以法制行之，如天地之无私也，是以官无私论，士无私议，民无私说，皆虚其匈[①]以听于上。

（《管子·任法》）

注释

①匈：同“胸”，胸膛。

译文

按照法制行事，如同天地般无私，因而官吏不会私自

评议，士人不会私自议论，百姓不会私自谈论，都虚心听命于君主。

遵主令而行之，虽有伤败，无罚；非主令而行之，虽有功利[①]，罪死。然故下之事上也，如响之应声也；臣之事主也，如影之从形也。

（《管子·任法》）

注释

①功利：成功有利。

译文

遵照君主的命令行事，即使有损害和失败，也不能责罚；不遵照君主的命令行事，即使成功有利，也要依罪处死。于是，下级侍奉上级，如回响顺应声音一样；臣下侍奉君主，如同影子跟随形体一样。

夫国有四亡：令本不出谓之灭，出而道留[①]谓之拥[②]，下情求不上通谓之塞，下情上而道止谓之侵。故夫灭、侵、塞、拥之

所生,从法之不立也。

(《管子·明法》)

〈注释〉

①道留:中途留止。

②拥:通“壅”,障蔽。

〈译文〉

国家有四种灭亡的情况:政令一开始就不能发出去叫作灭,政令发出却被中途留止,叫作壅,下情不能上达于君主叫作塞,下情上达却被中途阻止叫作侵。因而,灭、侵、塞、壅四种情况的产生,是法制不能确立的原因。

先王之治国也,使法择人,不自举也;使法量功,不自度也。

(《管子·明法》)

〈译文〉

先王治理国家,使用法制选举人才,而不私自选用;使用法制衡量功劳,而不以私心度量。

为人君者,莫贵于胜。所谓胜者,法

立令行之谓胜。

(《管子 · 正世》)

〈译文〉

作为君主,最重要的是"胜"。所谓胜,就是法制确立、政令通行。

夫法者,所以兴功惧暴也;律者,所以定分止争也;令者,所以令人知[①]事也。法律政令者,吏民规矩绳墨[②]也。

(《管子 · 七臣七主》)

〈注释〉

①知:管理。

②绳墨:木工画直线的工具,引申为准则。

〈译文〉

法是用来鼓励立功、警戒暴虐的,律是用来确定名分、阻止纷争的,政令是用来命令人民、管理事务的。法律政令是官吏、百姓行为的规矩与准则。

以[①]有刑至无刑者,其法易而民全;以

无刑至有刑者，其刑烦而奸多。夫先易者后难，先难而后易，万物尽然。

（《管子·禁藏》）

注释

①以：由、从。

译文

从开始设置刑法到不用刑法，就说明法律简易而人民得到保全；从没有刑法到设置刑法，就说明法律复杂而奸人增多。先易而后难，先难而后易，万事都是这样。

主上视法严于亲戚，吏之举令敬于师长，民之承教重于神宝[①]。

（《管子·禁藏》）

注释

①神宝：神保，指代表祖先受祭的活人。

译文

君主把法律看得比亲戚更关键，官吏就把行令看得比老师、长辈还敬重，百姓就会把承受政教看得比祭祀祖先

还要重要。

用赏者贵诚[①],用刑者贵必[②]。

(《管子·九守》)

注释

①诚:诚信。

②必:坚决。

译文

行赏贵在诚信,处刑贵在坚决。

天道篇

概述

“羿之道，非射也；造父之术，非驭也；奚仲之巧，非斫削也。”此句中的“道”就是潜伏在事物表面现象背后的客观规律。“道之所言者一也，而用之者异”，说明客观规律具有普遍性与特殊性的统一。万事万物都在不断变化之中，“天道之数，至则反，盛则衰；人心之变，有余则骄，骄则缓怠”，在一定条件下，事物会向自己的对立面转化，即“善游者死于梁池，善射者死于中野”，“物固有形，形固有名”是指万物都有的各自形体，每个形体都有相对应的名称。“名实当则治，不当则乱”，因而君主要重视“名当”。在如何得“道”方面，管子主张，首先要保持内心的精气，因为“气者身之充也”，精气是万物的本源；其次要内心虚静，“专于意，一于心”，不为“忧乐喜怒欲利”所扰，只有“执一不失”，才“能君万物”。

上无事则民自试，抱蜀[1]不言而庙堂[2]既修。

（《管子·形势》）

〈注释〉

①蜀：祭器。

②庙堂：指朝政。

〈译文〉

君主不亲自管理，人民也会主动工作；君主只是拿着祭器不语，朝政也会治理。

羿[1]之道，非射也；造父[2]之术，非驭也；奚仲[3]之巧，非斫[4]削也。

（《管子·形势》）

〈注释〉

①羿：后羿，古代传说中的神箭手。

②造父：周代驾车能手。

③奚仲：夏代车正，造车巧匠。

④斫(zhuó)：砍削。

〈译文〉

后羿射箭的技巧不在于射箭的动作，造父掌握驾车的技巧并不在于驾车本身的动作，奚仲拥有造车的技巧也不在于木材的砍削。

不行其野，不违[1]其马。

〈注释〉

①违：丢弃。

〈译文〉

即便不到野外行路，也不要轻易丢弃马匹。

必得之事，不足赖也；必诺[1]之言，不足信也。

（《管子·形势》）

〈注释〉

①诺：应允。

〈译文〉

认为一定能成功的事是靠不住的，答应一定能办到的

话是不可轻信的。

疑今者察之古，不知来者视之往。万事之生也，异趣[①]而同归，古今一也。

（《管子·形势》）

注释

①趣：旨趣、意味。

译文

对现在存有疑惑的，可以考察古代；不知将来如何的，可以研究一下过去。万事万物的产生与发展，虽然旨趣不同，但是基本规律相同，古今都是如此。

小谨[①]者不大立，訾[②]食者不肥体。

（《管子·形势》）

注释

①小谨：谨小慎微。

②訾(cí)：挑食。

译文

谨小慎微的人成就不了大业，挑剔食物的人身体不会健康。

道之所言者一也,而用之者异。

(《管子·形势》)

译文

作为客观规律,道具有普遍性,但在具体运用上又具有一定的差异性。

得天之道,其事若自然;失天之道,虽立不安。

(《管子·形势》)

译文

顺应天时,事情就会自然而然地成功;违背天时,事情虽然会暂时成功但不会长久。

生[①]栋覆屋,怨怒不及;弱子[②]下瓦,慈母操棰[③]。

(《管子·形势》)

注释

①生:此处指新材未干。

②弱子:小孩子。

③棰:鞭子。

译文

用新木材做成房屋的正梁,即使房屋倒塌,也不会责怪别人。而小孩子上房揭瓦,即便是慈母也会操鞭责打。

见[①]与[②]之交,几[③]于不亲;见爱之交,几于不结;见施之德[④],几于不报。

(《管子·形势》)

注释

①见,通"现",显现。

②与:友好。

③几:几乎。

④见施之德:表面上的施舍恩德。

译文

表面上虚假友好,等于不亲近;表面上显得虚假亲爱,关系也不牢固;表面上施舍恩德,很难有所回报。

无为[①]者帝,为而无以为[②]者王,为而

不贵者霸。

(《管子·乘马》)

〈注释〉

①无为:无为而治。

②无以为:没有事可做,指不为政务所累。

〈译文〉

无为而治的君主,能够成就帝业;治理朝政却不为政务所累的君主,能够成就王业;有所作为却不自满的君主,能够成就霸业。

时①之处事精②矣,不可藏③而舍④也。故曰:今日不为,明日亡⑤货。昔之日已往而不来矣。

(《管子·乘马》)

〈注释〉

①时:时间。

②精:精贵、宝贵。

③藏:收藏、储藏。

④舍:止。

⑤亡:通“无”,没有。

〈译文〉

时间对农事而言非常宝贵,你无法把它收藏起来使之停止不前。所以说:今天不干活,明天就一无所有。时间一去就不复返了。

凡国之亡也,以其长[①]者也。人之自失也,以其所长者也。故善游者死于梁池[②],善射者死于中野。

(《管子·枢言》)

〈注释〉

①长:长处。

②梁池:有水堤的池子。

〈译文〉

凡是国家灭亡的,是由于依仗它所擅长的方面而骄傲轻心;人们自身的过失,也大都是在他所擅长的地方。因而,善于游泳的人常死在梁池内,善于打猎的人常死在原野中。

为[①]善者,非善也。故善无以为也。

(《管子·枢言》)

注释

①为：通“伪”，虚假。

译文

虚假的善行不是真正的善行，所以善行是无法弄虚作假的。

爱人甚[1]而不能利也，憎人甚而不能害也。

(《管子·枢言》)

注释

①甚：过分。

译文

即便对一个人宠爱有加，也不要加私利于他。即便对于一个人十分憎恨，也不要无故加害于他。

名正则治，名倚[1]则乱，无名则死。

(《管子·枢言》)

注释

①倚:偏失、不正。

译文

名分正当则国家大治,名分不正则国家混乱,没有名分则国灭民亡。

天道之数,至[1]则反,盛则衰;人心之变,有余则骄,骄则缓怠。

(《管子·重令》)

注释

①至:极。

译文

天道变化的规律是物极必反,盛极而衰。人心变化的规律是富足有余就会使人骄傲,骄傲则会使人懈怠。

钓[1]名之人,无贤士焉;钓利之君,无王主焉。贤人之行其身也,忘其有名也;

王主之行其道也，忘其成功也。

（《管子·法法》）

注释

①钓：求取。

译文

沽名钓誉的人不是真正的贤士，急功近利的君主不是行王道的君主。贤人身体力行并不把名誉放在心上，行王道的君主也不把功利放在心上。

精时者，日少而功多。

（《管子·霸言》）

译文

善于把握时机的人，往往用时少而功效多。

圣人精德立中以生正，明正以治国。故正者，所以止过而逮[①]不及也。过与不及也，皆非正也。

（《管子·法法》）

〈注释〉

①逮(dài):到。

〈译文〉

圣人通过精心地修德树立中正之心,只有明确中正,才能治理好国家。所以,“正”是指禁止过分而补救不足。过分与不足都不能称为“正”。

壮者无怠,老者无偷,顺天之道,必以善终者也。

(《管子·中匡》)

〈译文〉

年富力强的人不松弛懈怠,年老的人不苟且偷生,能顺应天道,必定会有好的结果。

君子食于道,小人食于力,分[①]也。

(《管子·君臣下》)

〈注释〉

①分:本分。

译文

君子依靠治道而生存,小人依靠劳力而生活,这是各自的本分不同。

任之重者莫如身,涂[①]之畏者莫如口,期而远[②]者莫如年。以重任行畏涂,至远期,唯君子乃能矣。

(《管子·戒》)

注释

①涂:通“途”,路途。

②期而远:时间久远。

译文

担负重任的莫不如身体,沿途畏惧的莫不如传言,时间久远的莫不如年代。能承担重任,不畏谗言,并持之以恒,只有君子才能做到。

上离其道,下失其事。毋代马走,使尽其力;毋代鸟飞,使弊[①]其羽翼;毋先物

动，以观其则[②]。动则失位，静乃自得。

（《管子·心术上》）

〈注释〉

①弊：竭、尽。

②则：规律。

〈译文〉

如果君主背离了道法，臣下就会失职。不要代替马奔跑，要让它竭尽全力奔跑；不要代替鸟飞翔，要使它振翅高飞。不要先于物而动，而要观察它的规律。急于行动容易丧失本位，只有内心虚静才能有所得。

道，不远而难极也，与人并处而难得也。

（《管子·心术上》）

〈译文〉

道，虽然离人不远，但却难以穷尽；虽然与人共处，人却难以掌控。

真人[①]之言，不义[②]不颇[③]，不出于口，

不见于色。四海之人，又孰知其则？

（《管子·心术上》）

注释

①真人：得道之人。

②义：通“俄”，偏斜。

③颇：偏颇。

译文

真人所言，不偏不倚，不说出口，不表现在脸上。天下人谁又能探知他们的法则呢？

物固[①]有形，形固有名，名当[②]，谓之圣人。

（《管子·心术上》）

注释

①固：必、一定。

②名当：名实相当。

译文

万物必有形体，而每个形体必有相应的名称。能使名称与实体相当的人，才能称作圣人。

有道之君子，其处也若无知，其应物也若偶[①]之。静因[②]之道也。

（《管子 · 心术上》）

〈注释〉

①偶：偶合。

②静因：虚静因循。

〈译文〉

有道的君子，处事如同没有才智，接人待物如同偶合、巧遇，这就是虚静因循的方法。

人者立于强，务于善[①]，本于能，动[②]于故[③]者也。圣人无之，无之则与物异[④]矣。异则虚，虚者万物之始也。

（《管子 · 心术上》）

〈注释〉

①善：通“缮”，修饰。

②动：动作。

③故：巧诈。

④与物异:随物而异。

译文

常人总是强求立名,专务修饰,一心逞能,利用巧诈。而圣人就不这样,没有这种缺点就会知晓万物的差异。知晓万物的差异就能达到虚无的境界,而虚无本来就是万物起始的状态。

气者身之充①也,行②者正之义③也。

(《管子·心术下》)

注释

①充:充实。

②行:行为。

③义:通“仪”,仪表。

译文

气是充实身体的东西,行为是内心端正的仪表。

圣人若天然,无私覆也;若地然,无私载也。

(《管子·心术下》)

译文

圣人效法上天就能无私地覆盖万物;效法大地就能无私地承载万物。

专于意,一[①]于心,耳目端,知远之近。

(《管子·心术下》)

注释

①一:专一。

译文

专心致志,一心一意,耳目端正,就能知晓远方的事情,如同发生在身边一样。

执一之君子,执一而不失,能君[①]万物,日月之与同光,天地之与同理。

(《管子·心术下》)

注释

①君:统治。

译文

追求专一的君子,如果做到专一而不失精气,就能统治万物,也就可以与日月同光,与天地同理。

心安是国安也,心治是国治也。治也者心也,安也者心也。

(《管子·心术下》)

译文

君主的内心安定了,国家就安定;内心得到治理,国家也就治理了。国家治理在于内心,国家安定也在于内心。

不言之言,闻于雷鼓①。全心之形,明于日月,察于父母。

(《管子·心术下》)

注释

①雷鼓:指雷声、鼓声。

译文

不用说出来的话,却比雷鼓还要震撼人心。拥有全心

的人，比日月还要先明，比父母了解子女还要明晰。

天不为一物枉[①]其时，明君圣人亦不为一人枉其法。天行其所行而万物被其利，圣人亦行其所行而百姓被其利。

（《管子·白心》）

注释

①枉：违背。

译文

天不会为一物而错用时令，明君、圣人也不为一人而违反法令。天按时令行事，万物都得到好处；圣人按法令行事，百姓均得到好处。

圣人之治也，静身以待之，物至而名自治之。正名自治之，奇[①]名自废。名正法备，则圣人无事。

（《管子·白心》）

注释

①奇：奇邪。

译文

圣人治理国家，身心虚静地对待事物，事物到来才命名它。正确地命名天下自然会治理得好，名不正自然会废弃。名分正确，法制完备，圣人就坐安枕无忧了。

强而骄者损其强，弱而骄者亟死亡；强而卑义信[①]其强，弱而卑义免于罪。是故骄之余[②]卑，卑之余骄。

（《管子·白心》）

注释

①信：通“伸”，伸直。

②余：剩下的。

译文

强者如果骄傲就会减损实力，弱者如果骄傲就会加速灭亡；强者如果谦卑有义就会更加强大，弱者如果谦卑有义就能免除祸患。因而，骄傲的后果就是卑微，谦卑的结局就是扬眉吐气。

无成有贵其成也，有成贵其无成也。

日极则仄[1]，月满则亏。极之徒仄，满之徒亏，巨之徒灭。

（《管子·白心》）

注释

①仄：偏斜。

译文

没有成就的人自然重视成功，有成就的人更应重视尚无成就时。因为，太阳运行到最高时就开始偏斜，月圆之后就开始亏缺。到了最高就开始偏斜，到了圆满就开始亏缺，到极盛时就只能走向毁灭了。

济于舟者和[1]于水矣，义于人者祥其神矣。

（《管子·白心》）

注释

①和：调和。

译文

要驶船渡河的人自会去熟悉水性，遵循道义的人自会

受到神灵的佑护。

事有适[1]，而无适，若有适；觿[2]解，不可解而后解。故善举事者，国人莫知其解。

（《管子·白心》）

注释

①适：适宜。

②觿（xī）：用来解结的工具，形似锥子。

译文

事情有适宜的办法，却常常在看似无解的时候才能找到它。如同用骨锥解结，只有在解不开时才会想到用它。因而，善于行事的人，国人都不知道他是如何解决疑难的。

名满于天下，不若其已也。名进而身退，天之道也。满盛之国，不可以仕任；满盛之家，不可以嫁子；骄倨[1]傲暴之人，不可与交。

（《管子·白心》）

注释

①倨(jù):傲慢。

译文

当名满天下时,不如见好就收。名进而身退,才符合天道。自满盛气的国家,不可以去做官;自满盛气的家庭,不可与之结亲;骄傲暴躁的人,不可同他结交。

夫静与作,时以为主人,时以为客,贵得度。知静之备,居而自利;知作之从[①],每动有功。

(《管子·势》)

注释

①从:跟随。

译文

静与动时而为主,时而为客,关键在于适度。懂得遵循静的原则,居处可以有利;懂得动的规律,每次行动都会有成效。

其所处者，柔安静乐，行德而不争，以待天下之濆[1]作也。故贤者安徐[2]正静，柔节先定，行于不敢，而立于不能，守弱节而坚处之。

（《管子·势》）

注释

①濆(pēn)：喷涌，此处指动乱。

②徐：安闲。

译文

贤人处事，柔和安定，恬静快乐，修行仁德而与世无争，以备天下动乱的到来。所以，贤人安闲正静，柔弱为先，行动不冒进，立功不自居，紧守柔弱的节操坚定自处。

善周者，明[1]不能见也；善明者，周不能蔽也。大明胜大周，则民无大周也；大周胜大明，则民无大明也。

（《管子·势》）

注释

①明：明察。

〈译文〉

善于周密的人,再明察的人也不能发现;善于明察的人,再周密的人也无法隐蔽。如果最明察的人胜过最周密的人,世上就没有最周密的人了;如果最周密的人胜过最明察的人,世上就没有最明察的人了。

精也者,气之精者也。气,道乃生,生乃思,思乃知[①],知乃止矣。凡心之形,过知失生[②]。

(《管子·内业》)

〈注释〉

①知:通“智”,智慧。

②失生:失去生机。

〈译文〉

精气是气中的精华。气得道才会有生命,有生命才能思虑,有思虑才会产生智慧,有智慧才知道何时终止。大凡心的形体,过度追求智慧就会失去生机。

凡心之刑[①],自充自盈,自生自成。其

所以失之，必以忧乐喜怒欲利。能去忧乐喜怒欲利，心乃反济[②]。

（《管子·内业》）

注释

①刑：通“形”，形体。

②济：成。

译文

大凡心的形体，能够自然充盈精气，自然生成精气。这种自然本性之所以丧失的原因，必定是忧愁、享乐、狂喜、怒气、欲望、贪利的进入。除这些，心才会返回正常的充盈状态。

一物能化谓之神，一事能变谓之智。化不易气，变不易智，唯执[①]一[②]之君子能为此乎！执一不失，能君万物。

（《管子·内业》）

注释

①执：坚持。

②一：专一。

译文

专于一物而能随物变化的称为“神”，专于一事而能随事变通的称为“智”。随物变化而精气不变，随事变化而智慧不改，只有坚持专一的君子能够做到吧！只要坚持专一而不放弃，就能够统领万物。

形[1]不正，德不来；中不静，心不治。

（《管子·内业》）

注释

①形：形体。

译文

形体不端正是因为德行不修，内心不虚静是因为欲望没有整治好。

精想思之，宁念治之，严容畏敬，精将至定[1]。得之而勿舍，耳目不淫[2]。

（《管子·内业》）

注释

①至定：达到安定。

②淫：迷惑。

〈译文〉

精诚冥思，默念整理，严肃敬畏，精气自然达到安定。如果得到精气而不舍去，耳目就不会被外物迷惑。

我心治，官[1]乃治；我心安，官乃安。治之者心也，安之者心也。

（《管子·内业》）

〈注释〉

①官：指人体的五官。

〈译文〉

我的心平定，五官就平定；我的心安静，五官就安静。平定在于内心，安静也在于内心。

赏不足以劝善，刑不足以惩过，气意[1]得而天下服，心意定而天下听。

（《管子·内业》）

〈注释〉

①意：意志。

〈译文〉

奖赏不足以劝勉善行，刑法也不足以惩罚罪过。只要意气得当，天下就会服从；只有心意安定，天下才会听从。

食莫若无饱，思莫若勿致[①]，节[②]适之齐[③]，彼将自至。

（《管子·内业》）

〈注释〉

①致：通“至”，极。

②节：调节。

③齐：通“剂”，调剂。

〈译文〉

饭不要吃得太饱，思虑不要过度，调节适度，生命将自然到来。

平正擅[①]匈[②]，论治在心，此以长寿。忿怒之失度，乃为之图。节其五欲[③]，去其二凶[④]，不喜不怒，平正擅匈。

（《管子·内业》）

注释

①擅:据有、占据。

②匈:通“胸”。

③五欲:指、耳、目、口、鼻、心五种器官的嗜欲。

④二凶:指喜与怒。

译文

平和中正在胸中,内心就会得到治理,便能长寿。如果愤怒过度,那么就要力图平息。节制欲望,去除喜怒。只有不喜不怒,平和中正才会据有胸中。

凡人之生也,必以平正。所以失之,必以喜怒忧患。

(《管子·内业》)

译文

大凡人的生命,必须平和中正。之所以会失去平和中正,必定是因为喜怒忧患。

内静外敬,能反[①]其性[②],性将大定。

(《管子·内业》)

注释

①反:通“返”,回归。

②性:本性。

译文

内心虚静而外表恭敬,才可以回归中正平和的本性,本性才能充实稳定。

凡食之道:大充①,伤而形不臧②;大摄③,骨枯而血沍④。充摄之间,此谓和⑤成。

(《管子·内业》)

注释

①大充:过度吃饱。

②臧:善。

③大摄:过度收敛。

④沍(hù):凝聚。

⑤和:适中。

译文

进食的道理是:吃得过饱,就会造成积食而伤害身体;

吃得过少，会导致骨骼干枯而血液凝聚。只有控制在过饱与过少之间，才能适中成事。

饱则疾[①]动，饥则广[②]思，老则长虑[③]。

（《管子·内业》）

注释

①疾：快。
②广：通“旷”，停止。
③长虑：珍惜思虑。

译文

饱食后要注意活动，饥饿时要停止思索，年老时不要过于思虑。

大心而敞，宽气而广，其形安而不移，能守一而弃万苛[①]，见利不诱，见害不惧，宽舒而仁，独乐其身，是谓云气，意行似天。

（《管子·内业》）

注释

①苛：通“疴”，病。

〈译文〉

心胸广大而宽敞，意气宽和而广阔，形体安定而不游移，能坚持专一而远离疾病，见利益不受诱惑，遇危险不生恐惧，宽容舒缓，仁爱待人，自得其乐，这就叫作拥有“运气”，即意气畅行，就像驰骋在天空一样。

凡人之生也，必以其欢[①]。忧则失纪[②]，怒则失端[③]。忧悲喜怒，道乃无处。爱欲静之，遇[④]乱正之，勿引勿推，福将自归。

（《管子·内业》）

〈注释〉

①欢：欢畅。

②纪：纲纪。

③端：头绪。

④遇：通“愚”，愚昧。

〈译文〉

大凡人的生命，必须要心情欢畅。忧愁会失去纲纪，愤怒就会丧失头绪。心有悲愁喜怒，道就无法处身。情欲

萌生就静心去除，愚乱产生就竭力匡正。不必强拉硬推，福气将自然到来。

誉不虚出，而患不独生，福不择家，祸不索人，此之谓也。能以所闻瞻察[①]，则事必明矣。

（《管子·禁藏》）

注释

①瞻察：观察。

译文

荣誉不会凭空出现，忧患也不会独自产生，福泽从不挑选人家，灾祸也不专门找上门来，说的就是这个道理。只要通过亲身见闻、仔细观察，事情必然会明了。

循名而督[①]实，按实而定名。名实相生，反[②]相为情[③]。名实当则治，不当则乱。

（《管子·九守》）

①督：察。

②反：通"返"，返回。

③情：情实。

译文

依据名称考察实际，参照实际确定名称。名称与实际相互促进，反过来又互为解释。名实相当就安定，不相当就会混乱。

褚[①]小者不可以怀大，绠[②]短者不可以汲深。

（《庄子 · 至乐》）

注释

①褚（zhǔ）：布袋。

②绠（gěng）：汲水用的绳子。

译文

布袋小的，不能包容大的东西；汲水用的绳子短，不能汲取深井里的水。

夫短绠不可以汲深井，知鲜[①]不可以与圣人之言。

（刘向《说苑 · 政理》）

注释

①鲜:少。

译文

汲水用的绳子短,不能打到深井里的水;知识浅薄的人,无法与圣人深谈。

兵法篇

概述

“至善不战，其次一之，”即战争的最高境界是不战而胜，其次是一战胜敌。因为“一期之师，十年之蓄积殚；一战之费，累代之功尽”，战争的代价是极其昂贵的。如果“举兵之日而境内贫”，就可能出现“战不必胜，胜则多死，得地而国败”的结果。战争胜负之势，不仅仅取决于临场的指挥艺术，更是双方经济、政治、军事等综合实力的博弈，因而发动战争前，要“计必先定而兵出于竟”，即具体考察“聚财”“论工”“制器”“选士”“政教”“服习”“遍知天下”“明于机数”八个条目。在军事器械上，要“致天下之精材，来天下之良工”；在军事训练上，要“三官不缪，五教不乱，九章著明”；在军事情报上，要“散金财”，设“耳目”，做到“必明其情，必明其将，必明其政，必明其士”。在行军作战中，要“举之如飞鸟，动之如雷电，发之如风雨”，要“释实而攻虚”，“使敌若据虚，若搏景”，达到出神入化、神出鬼没的用兵境界。

为兵之数：存[1]乎聚财，而财无敌；存乎论工[2]，而工无敌；存乎制器[3]，而器无敌；存乎选士，而士无敌；存乎政教，而政教无敌；存乎服习[4]，而服习无敌；存乎遍知天下，而遍知天下无敌；存乎明于机数[5]，而明于机数无敌。

(《管子·七法》)

注释

①存：在。

②论工：考察工匠。

③器：军事器械。

④服习：军事训练。

⑤机数：时机、策略。

译文

治兵的方法在于积聚财富，使拥有的财富无敌于天下；在于考察工匠，使工匠的技能无敌于天下；在于制造军事器械，使器械的功效无敌于天下；在于选拔士兵，使士兵的战斗素养无敌于天下；在于管理、教育工作，使管理、教育的成效无敌于天下；在于军事训练，使军事训练的水平

无敌于天下；在于遍知天下的敌情，使搜集天下情报的工作无敌于天下；在于明晓时机、策略，使运用时机、策略的水平无敌于天下。

胜一而服百则天下畏之矣，立少而观多[1]则天下怀[2]之矣。

（《管子·七法》）

〈注释〉

①观多：指给多数示范。

②怀：归附。

〈译文〉

战胜一国而使更多的国家臣服，天下自然会畏惧；扶持少数国家并给更多的国家以示范，天下自然会归附。

举之如飞鸟，动之如雷电，发之如风雨，莫当[1]其前，莫害其后，独出独入，莫敢禁圉[2]。

（《管子·七法》）

〈注释〉

①当:阻挡。

②圉:通"御",抵挡。

〈译文〉

举兵时,如同飞鸟之巧;动兵时,如同雷霆之怒;发兵时,如同风雨奇袭。无人阻挡在前,无人加害于后,独来独往,无人敢挡。

不明于敌人之政,不能加①也;不明于敌人之积②,不可约③也;不明于敌人之将,不先军也;不明于敌人之士,不先陈④也。是故以众击寡,以治击乱,以富击贫,以能击不能,以教卒练士击驱众白徒⑤。故十战十胜,百战百胜。

(《管子 · 七法》)

〈注释〉

①加:加兵。

②积:积蓄。

③约:约战。

④陈：通“阵”，布阵。

⑤白徒：未经过军事训练的百姓。

译文

如果事先不了解敌人的内政，就不能准备战争；不了解敌人的积蓄，不可约定战争；不了解敌人的主将，不可抢先进攻；不了解敌人的士兵，不可抢先布阵。只有以多数进攻少数，以治国进攻乱国，以富国进攻贫国，以贤能将帅进攻昏庸将帅，以精兵锐卒进攻乌合之众，才能保证十战十胜、百战百胜。

蚤[①]知敌则独行[②]，有蓄积则久而不匮[③]，器械功则伐而不费[④]，赏罚明则民不幸生，民不幸生则勇士劝之。

（《管子·七法》）

注释

①蚤：通“早”，在某一时间之前。

②独行：指独来独往，如入无人之境。

③匮：缺乏。

④费：通“拂”，挫折。

译文

战前要知晓敌人的虚实，出击时才能如入无人之境；

事先要储备充足的物资，持久作战才会用之不尽；军事器械要制造精良，连续进攻才会坚不可摧；赏罚要分明，百姓才不会苟且偷生；百姓不会苟且偷生，才会争当勇士、奋力向前。

有风雨之行①，故能不远道里②矣。有飞鸟之举，故能不险山河③矣。有雷电之战，故能独行而无敌矣。有水旱之功④，故能攻国破邑⑤矣。有金城⑥之守，故能定宗庙、育男女矣。有一体⑦之治，故能出号令、明宪法矣。

（《管子·七法》）

〈注释〉

①风雨之行：如风雨般疾行。

②不远道里：不以里程为远。

③不险山河：不以山河为险。

④水旱之功：如水灾、旱灾般的毁灭效果。

⑤邑：城邑。

⑥金城：坚固的城。

⑦一体：浑然一体，指齐心。

译文

行军如同风雨般疾行，因而不怕路途遥远。行军如同飞鸟般轻巧，因而不怕山河险阻。作战有如雷电之速，因而独来独往，如入无人之境。攻城有如旱般的毁灭效果，因而能攻城破国。防守有如金城般坚固水因而能安定国家，繁育子孙。治军有浑然一体的成效，因而能号令统一、军法严明。

听于钞①故能闻未极，视于新②故能见未形，思于浚③故能知未始，发于惊④故能至无量⑤，动于冒⑥故能得其宝，立于谋故能实不可敌也。

（《管子·幼官》）

注释

①钞：通“眇”，细微。

②新：初，萌发之时。

③浚：深。

④惊：震惊，指出人意料。

⑤量：估量。

⑥冒：冒险。

译文

听得到细微的声音,因而能听到未知的声音;看得见萌生的细物,因而能看到未成形的事物;能深谋远虑,因而可预知未发生的事情;能出其不意地出击,因而敌人就无法估量自己;敢于冒险,因而能夺取敌人财宝;善用计谋,因而能壮大自己,无人可敌。

器成不守经不知,教习不著[①]发不意。

(《管子·幼官》)

注释

①著:明。

译文

器械完备却不能防守,如同敌方经过而不知晓;教令训练不明确,如同遭受敌人出其不意地进攻。

必明其情[①],必明其将,必明其政,必明其士。四者备,则以治击乱,以成击败。

(《管子·幼官》)

〈注释〉

①情:军情。

〈译文〉

必须明知敌方的军情,必须明知敌方的将领,必须明知敌方的内政,必须明知敌方的军士。如果这四个方面都具备了,就能以治军来进攻乱军,以必胜之军来进攻必败之军。

至善不战[①],其次一[②]之。

(《管子·幼官》)

〈注释〉

①不战:不战而胜。

②一:一战而胜。

〈译文〉

用兵的最高境界是不战而屈人之兵,其次是一战而胜敌。

至善之为兵也,非地是求也,非人是

君也；立义而加之以胜，至威而实之以德，守之而后修胜，心樊[1]海内[2]。

(《管子·幼官》)

注释

①樊：牢笼，引申为统治。

②海内：天下。

译文

最善于用兵的人，并非一味地占有他国土地，也并非一味地统治他国人口，而是树立正义，用胜利来维护它；建立权威，用仁德来充实它。只有如此，才能长久地守住胜利的成果，最终实现一统天下。

举兵之日而境内贫，战不必胜，胜则多死，得地而国败。此四者，用兵之祸者也。

(《管子·兵法》)

译文

出兵时国内贫困，发动战争却没有把握的取胜，取得胜利却死伤惨重，夺得土地却伤了国家元气。这四种情况是用兵的祸端。

举兵之日而境内不贫者，计数[①]得也。战而必胜者，法度审也。胜而不死者，教器备利，而敌不敢校[②]也。得地而国不败者，因其民也。

（《管子·兵法》）

注释

①计数：计算、筹划。
②校：对抗。

译文

出兵时国家不贫困，是因为筹算得当。发动战争有必胜的把握，是因为法度严明。取得胜利而没有伤亡，是因为教习有方，器械锐利，敌人不敢对抗。夺得土地而未伤国家元气，是因为对别国的百姓能因势利导。

三官[①]不缪[②]，五教[③]不乱，九章[④]著明，则危危而无害，穷穷而无难。

（《管子·兵法》）

〈注释〉

①三官:指鼓、金、旗,是作战时指挥进退、用兵的工具。

②缪:通"谬",错乱。

③五教:指五个训练士兵必备的项目。

④九章:指九种不同作战条件下使用的旌旗。

〈译文〉

如果"三官"不错乱,"五教"不混乱,"九章"显明,即便军队处于险境也不会受损害,处于困境也不会受灾难。

器成教施,追亡逐遁若飘风,击刺若雷电。绝地不守,恃固[①]不拔。

(《管子·兵法》)

〈注释〉

①恃固:恃险固守。

〈译文〉

军队器械完备,教习有素,追逐逃敌如同风飘一样疾速,攻击敌人如同雷电一样凶猛。敌人尽管占据有绝地也无法防守,恃险固守也不能抵抗。

破大胜强，一之至也。乱之不以变，乘之不以诡，胜之不以诈，一之实也。近则用实[①]，远则施号，力不可量，强不可度，气不可极，德[②]不可测，一之原也。众若时雨，寡若飘风，一之终也。

（《管子·兵法》）

注释

①实：实力。

②德：心。

译文

攻破大国，战胜强敌，是一战而胜的最高境界。乱敌不用权变，乘敌不用诡计，胜敌不用欺诈，是一战胜敌的实质。对近敌用实力作战，对远敌用号令威慑，力量大到不可估量，强到不可度量，气势如吞山河，军心深不可测，这是一战胜敌的源泉。军队集结进攻时如同时雨般密集，军队分散奇袭时如同飘风般疾速，这是一战胜敌的结果。

制适[①]，器之至也；用适，教之尽也。

（《管子·兵法》）

〈注释〉

①适:通“敌”,敌人。

〈译文〉

控制敌人是器械精良的结果,利用敌人是教习有素的结果。

善者之为兵也,使敌若据虚,若搏景[①]。无设无形焉,无不可以成也;无形无为焉,无不可以化也。此之谓道矣。

(《管子·兵法》)

〈注释〉

①景:通“影”,影子。

〈译文〉

善于用兵的人,总是使敌人如同据守空虚之地,如同与影子在搏斗。使队伍保持没有方向、没有形体的状态,就没有不可以生成的;保持没有形体、没有作为的状态,就没有不可以变化的。这些都是用兵之道。

强国众，合强以攻弱，以图霸。强国少，合小以攻大，以图王。

（《管子·霸言》）

〈译文〉

天下强国多，就要联合强国攻打弱国，以成就霸业。天下强国少，就要联合小国攻打大国，以成就王业。

骥①之材，而百马代②之，骥必罢③矣。强最一代④，而天下共⑤之，国必弱矣。

（《管子·霸言》）

〈注释〉

①骥：良马。

②代：更替。

③罢：通“疲”，疲惫。

④强最一代：指一世之最强国。

⑤共：通“攻”，攻击、进攻。

〈译文〉

即便具有良马之才，用百匹马交替追逐它，也必定会疲惫。即便是最强的国家，天下各国联合攻击它，也必

定会衰弱。

善攻者，料[①]众以攻众，料食以攻食，料备以攻备。

（《管子·霸言》）

注释

①料：估量、考量。

译文

善于进攻的将帅，要先考量敌我兵力的对比、粮草的对比、军备的对比，再决定进攻。

释实而攻虚，释坚而攻膬[①]，释难而攻易。

（《管子·霸言》）

注释

①膬(cuì)：古“脆”字，薄弱。

译文

避开实处，攻击虚处；避开坚固之处，攻击脆弱之处；避开难攻之敌，进攻易攻之敌。

擅[1]破一国，强在后世者，王。擅破一国，强在邻国者，亡。

（《管子·霸言》）

注释

①擅：善于。

译文

善于攻破一国、惠及后世的君主能成就王业，善于攻破一国却增强邻国的君主，注定会灭亡。

凡兵主者，必先审知地图。

（《管子·地图》）

译文

凡是军队的主帅，必须先详细地审查地图。

主兵必参[1]具者也。主明、相知、将能之谓参具。

（《管子·地图》）

〈注释〉

①参:通"叁",三。

〈译文〉

用兵取胜必须具备三个条件:君主英明、相国智谋、将领贤能。这三者称作"三具"。

一期[①]之师,十年之蓄积殚[②];一战之费,累代之功尽。

(《管子·参患》)

〈注释〉

①一期:一年。

②殚:竭尽。

〈译文〉

一年的军费,要竭尽十年的蓄积;一次战争的费用,要耗尽数代的功业。

计必先定而兵出于竟。计未定而兵

出于竟[1],则战之自败,攻之自毁者也。

(《管子·参患》)

〈注释〉

①竟:通“境”,边境。

〈译文〉

必须要筹划算定后,才能发兵出境。如果没有筹算而仓促出兵,进攻起来无异于自取灭亡。

凡兵有大论[1],必先论其器、论其士、论其将、论其主。

(《管子·参患》)

〈注释〉

①论:评定。

〈译文〉

凡是要评定一支军队的强弱,必先评定其器械是否精良、士兵是否勇敢、将领是否知兵、君主是否贤明。

小征，千里遍知之。筑堵之墙[①]，十人之聚，日五间[②]之。大征，遍知天下。日五间之，散金财用聪明[③]也。故善用兵者，无沟垒而有耳目。

（《管子·制分》）

〈注释〉

①筑堵之墙：指一墙之隔。

②间：刺探。

③聪明：耳目，指刺探敌情的人。

〈译文〉

小规模的战争也要遍知千里之内的敌情。即便一墙之隔的距离，十人规模的聚落，也要每日侦察五次。大规模的战争则要遍知天下的敌情，除了每日侦察五次，还要散发重金布置耳目。因而，善于用兵的人，即便没有深沟、高垒，也要有耳目。

凡用兵者，攻坚则轫[①]，乘瑕[②]则神。

（《管子·制分》）

〈注释〉

①轫：使车轮停止的部件，引申为阻止。

②瑕：罅隙，引申为薄弱环节。

〈译文〉

用兵的人，攻坚就易受挫，攻弱则会如有神助。

莫知其将至也，至而不可圉[①]；莫知其将去也，去而不可止。

（《管子·制分》）

〈注释〉

①圉：通“御”，抵御。

〈译文〉

敌人不能料知我军的到来，就无法预先防御；不能预知我军的离去，就无法事先阻止。

钧[①]则战，守[②]则攻，百盖[③]无筑，千聚[④]无社[⑤]，谓之陋，一举而取。

（《管子·侈靡》）

〈注释〉

①钧：通“均”，相等。

②守:指敌人处于守势。

③百盖:百室。

④聚:聚落。

⑤社:神社。

〈译文〉

敌我实力相当,可以一战;敌人处于守势,可以进攻。上百家的房屋破损,上千人的聚落却没有神社,这样的贫陋之国,可以一举攻克。

春秋一日,败曰千金,称[1]本而动。

(《管子·侈靡》)

〈注释〉

①称:称量。

〈译文〉

在春种秋收的时节,战争一日就等于耗费千金,必须要估量农业生产状况而动兵。

天时不作勿为客[①],人事不起勿为始。

(《管子·势》)

〈注释〉

①客:指主动进攻一方。

〈译文〉

敌国的天灾没有降临,就不要主动进攻;敌国的人祸没有出现,也不要开始进攻。

恃不信之人,而求以智[①];用不守之民,而欲以固;将不战之卒,而幸以胜,此兵之三暗[②]也。

(《管子·九变》)

〈注释〉

①智:了解。

②暗:愚昧。

〈译文〉

依靠不可信的人,却想了解敌情;依靠不能防守的民

众，却想求得稳固阵地；率领没有战斗力的士卒，却想侥幸取胜。这是用兵的三个愚昧的表现。

选天下之豪杰，致天下之精材，来天下之良工，则有战胜之器矣。

（《管子·小问》）

译文

选取天下的英雄豪杰，招来天下的精良用材，引来天下的优良工匠，就拥有战争必胜的利器了。

毁其备，散其积，夺之食，则无固城矣。

（《管子·小问》）

译文

毁坏敌人的战备，散空敌人的积蓄，夺取敌人的粮饷，敌人就没有坚固的城池了。

缮农具当器械，耕农当攻战，推引铫①耨②以当剑戟，被③蓑以当铠镭④，菹⑤笠以

当盾橹[6]。故耕器具则战器备,农事习则功战巧矣。

(《管子·禁藏》)

注释

①铫(yáo):大锄。

②耨(nòu):小锄。

③被:披在身上或穿在身上。

④镭:通“襦”,甲内衬衣。

⑤菹:通“组”,编织。

⑥橹:盾牌。

译文

将修缮好的农具当作军事器械,把农耕当作攻战,锄头当作剑戟,穿上蓑衣当作铠甲,编织斗笠当作盾牌。因而,只要农器具备,军事器械就完备了。只要百姓谙熟农事,战争的技巧也就领悟到了。

凡有天下者,以情伐者帝,以事伐者王,以政[1]伐者霸。

(《管子·禁藏》)

〈注释〉

①政:通“征”,征战。

〈译文〉

凡是想要据有天下的,以笼络人心攻伐别国的就能成就帝业,以修明政事征服别国的能成就王业,以武力征服别国的只能成就霸业。